ଓଡ଼ିଶା ସାହିତ୍ୟ ଏକାଡେମୀ ପୁରସ୍କାର ପ୍ରାପ୍ତ କବିତା ସଂକଳନ

ଅଭାଜନ

ଅଭାଜନ

ପୀତାମ୍ବର ତରାଇ

ବ୍ଲାକ୍ ଇଗଲ୍ ବୁକ୍ସ
ଭୁବନେଶ୍ୱର, ଓଡ଼ିଶା

BLACK EAGLE BOOKS
Dublin, USA

ଅଭାଜନ / ପୀତାମ୍ବର ତରାଇ

ବ୍ଲାକ୍ ଇଗଲ୍ ବୁକ୍ସ : ଭୁବନେଶ୍ୱର, ଓଡ଼ିଶା • ଡବ୍‌ଲିନ୍, ଯୁକ୍ତରାଷ୍ଟ୍ର ଆମେରିକା

BLACK EAGLE BOOKS

USA address:
7464 Wisdom Lane
Dublin, OH 43016

India address:
E/312, Trident Galaxy, Kalinga Nagar,
Bhubaneswar-751003, Odisha, India

E-mail: info@blackeaglebooks.org
Website: www.blackeaglebooks.org

First International Edition Published by
BLACK EAGLE BOOKS, 2024

ABHAJANA
by **Pitambar Tarai**

Copyright © **Pitambar Tarai**

All rights reserved. No part of this publication may be reproduced, stored in a retrieval system, or transmitted, in any form or by any means, electronic, mechanical, photocopying, recording or otherwise without the prior permission of the publisher.

Cover Art: **Suryasnata Tripathy**
Interior Design: Ezy's Publication

ISBN- 978-1-64560-557-7 (Paperback)

Printed in the United States of America

ସଭାରେ ସାମିଲ୍ ନଥିବା ଅଭାଜନମାନଙ୍କୁ.....

ସୂଚିପତ୍ର

ନଈ	୦୯
ଛଣ ମଣିଷ	୧୧
ଆମର ଘର କହିଲେ	୧୩
ଗୋଟେ ବାଲିର ବାପା ଗଢ଼ନ୍ତ କି ସୁଦର୍ଶନ	୧୬
ମୋହିନୀ	୧୯
ଅସୁର ଅକାରଣ	୨୨
ଅଛବ	୨୫
ବିଜ୍ଞାପନ	୨୮
ଲଳିତା ଲବଙ୍ଗଲତା	୩୧
ଆଜି ସୁବ୍ରତ ସହିତ	୩୪
ଓଃ, ସାବରମତି	୩୭
କବି ହବାର ଅଛି ତ	୩୯
ଡିଙ୍ଗିଆ ଚାରିଦେଶ	୪୨
ଟିପଚିହ୍ନ	୪୬
ବର୍ଷା ଜଣାଣ	୪୮
କଂପାନୀ	୫୨
ଗୁଲିଖଟି	୫୫
ଭଲଲୋକ ତ ଆପଣ	୫୯
ଉପଦେଶ	୬୨
ମାଳିକା	୬୫
ନିଜକୁ ଗାଇ ମନେକରି	୬୮
ଭାଙ୍ଗି ପଡୁଛ କି ଚକ୍ରଧର	୭୨
ଗୋଟେ ଗାଆଁର ଦୃଶ୍ୟ	୭୫
ଜୋତା	୭୮
ଗୋଟେ ବହିର ମୃତ୍ୟୁ	୮୧
ଆତ୍ମପକ୍ଷ	୮୪

ନଈ

ମୁଦି ପାଉଁଜ ନେଲା ତ ନେଉ, ବେକେ ପାଣିରୁ
ସଂଜ ସୁଦ୍ଧା ଫେରିବ ଅଥଚ ଫେରିଲାନି ବୋଉ।

ଖୋଜବାରି ଖୋଜିଲି, ବୋଉ ବଦଳରେ ପାଇଲି
ରକ୍ତକଇଁ, କାଦୁଅ କଣ୍ଟେଇ
ଥାଉ। ଆଉ କୂଳର ଆ' ଆ' ଆକୁଳ ଡାକ
ଗୋଧୂଳି ଗାଁର ଗୀତ ଛାଡ଼ିଆସିଲି କାଲି ପାଇଁ
ଇରେ ଇରେ, ଆଉ ଯିବି କଅଣ
ରାତିଅଧେ ତେଇଁସାରିଛି ଫୁଲି, ଫଉଲି, ଫୁଲେଇ ନଈ।

ସକାଳ ଯାଏ କୋଉ ରହିଲା କି! ବାପାଙ୍କ ବାକ୍ସ
ଗୀତ ଗୋବିନ୍ଦ
କାନ୍ଥ, ସରୀସୃପଙ୍କ ସହବାସ
ଆମ ଦି'ପ୍ରାଣୀଙ୍କ ଅରେ ବିଶ୍ୱାସ, ଓରେ ହସ
ଇନାମତେ କିଛି ବି ନ'ଥିଲା, ଥିଲା ଖାଲି କାନ୍ଦକାନ୍ଦ
ଦୁଃଖ ଦୀର୍ଘଶ୍ୱାସର ପାଣି ପହଁରା
ଆଗପଛ ଭଉଁରୀ, ଭ୍ରମ, ବିପଦ ଖାଲି ବିପଦ।

ଏଇଥିଲାଗି ଯେଉଁମାନେ ଯିବାକଥା କେବେଠୁ
ମୁହଁମୋଡ଼ି ଚାଲି ଗଲେଣି
ବନ୍ଧ, ବନ୍ଧନଠୁ ବହୁଦୂର କେହି ଭୁବନେଶ୍ୱର
କେହି ବମ୍ବେ, ବାଙ୍ଗାଲୋର।

ମନ ମାରି ଅଛି ଦୁଃଖ ଆମ ତାଳଗଛ ଛାଇ ପରି
ଏପାରି ସେପାରି
ବର୍ଷା ଥାଉ କି ବୈଶାଖ ଥାଏ ନଈ ସହ
କେବେ କଳି କେବେ କୋଳାକୋଳି ।

ଯେତେଥର ଡେଇଁଛି ବନ୍ଧ କଅଣ ଭେଟିଛି ପଚାରିବ ତ !

ହାଡ଼ ପରି ଚାରିକଡି ହିଡ଼ ମଝିତକ ଛାତି ସାରଦ ବିଲ
ରକ୍ତ, ଝାଳରେ ଉଧେଇଥିବ ଧାନଗଛ
ସ୍ୱପ୍ନତକ ସଜେଇ ହୋଇଥିବ ସବୁଜ ପତର
କେଣ୍ଡାରେ ଓହଳିଥିବ କଲବଲ କଳିଜାକଢ଼
ଜଗିଥିବ ମେଘ, ଖରା, ପବନ ପରି ସାରାବର୍ଷ
ଠେକା, ଠିକଣାର ବିଶାଳ ବିଶ୍ୱାସ ।

କାହିଁ, କୋଉ ବୁଝିଲା କି ବନ୍ଧ ଏ ପାଖର
ଓଦା ଉଦାସ ଅଳି ଓ ଅଇନି
ଆରେ ଆରେ, ଇଏ ନଈ ନୁହଁ ନାଗୁଣୀ ।

ଇଏ କଅଣ, କାହାକୁ ପଚାରି ପୋତୁଛ ନଈ !

ରହ ରହ, ଟିକେ ଛୁଇଁଦିଏ ଶେଷଥର ପାଇଁ
ରହ ରହ, ମାଟିଘଟ ପାଇଁ ସାଇତି ରଖେ ଶିଶିଏ ପାଣି
ନାଇଁରେ ନାଇଁ, ସିଏ ନାଗୁଣୀ ନୁହଁ
ଆମ ଗାଁ ତଳ ଆଡ଼ ବାଇଆଣୀ ।

■

ଛଣ ମଣିଷ

କିଏ କୁଆଡ଼େ ଗଲ ହୋ, କାହାର ଦେଖା ମିଳୁନି ତ !

ଚୁବୁଚୁବୁ ପାଣି, କରାଣ୍ଡିମାଛ, ମାଘମାସ, ମୃଗ ଜଣାଣ
ସଣସଣ ଉତ୍ତରାପବନ
'ରାମ ଯେ ଲଇକ୍ଷଣ ବେନିଭାଇ ସ୍ତିରୀ ଶୋକର କାରଣ'
ଇଏ ରାଧୁ ମାହାଳିର ଧାନକଟା ଗୀତ
କେହି ଜଣେଇଲେ ନାହିଁ, ହେଇଟି ଯାଉଚି ଯିବ।

ସେମାନଙ୍କ କଥା ଛାଡ଼, ଜାମା ଯୋଡ଼ରେ ସଜେଇ ମୋତେ
ମାର୍ଫତରେ ଦେଲ ସାରଦ ଫସଲ
ଅଣଦେଖା କରିଛି କି ଆଜ୍ଞାଙ୍କ ଆଦେଶ
ଛୁଆଇଁ ଦେଲି କି ଶୁଆଶାରୀ ପାରାପଲ, କହୁନ
ଯେତିକି ବୁଣିଥିଲ ଏଥର ଜାଣି ଅଧିକ ନେଲ
ଅଥଚ ଗଲାବେଳେ ଭାବିଲନି ଇଏ ଥିବ ନା ସାଙ୍ଗରେ ଯିବ
ଧନ୍ୟ ଆପଣ !

ଏବେ ତ କ୍ଷେତ ଅକାରଣ। ଥାଉ, ଆଜି ଏତିକି।

ଆଜି ହେଉ କି କାଲି, କେଉଁ ସରୁଟି କି ଛିଡ଼ା ହେବାର
ନେଉନ ସେଉନ କଷ୍ଟ କଷଣ
ଯେମିତି ସୁଧମୂଳ ମିଶି ଗଡ଼ିଚାଲିଛି କୃଷିରଣ

ସେମିତି ଛିଡ଼ାହେବା ମୋର ଭାଗ୍ୟ ଗୋଟେ କଣ୍ଟାବଣ
ଏହା ସହିତ ଯୋଡ଼ି ହୋଇଚି ଆପଣଙ୍କ କପାଳ
କାଲୁବାଲୁ ଜୀବନଜଂଜାଳ, ଇଏ ସଂଯୋଗ ନା ଷଡ଼ଯନ୍ତ୍ର !

ଭାବିଥିଲି, ଏ ସନ ଅମଳ ଛୁଇଁଚି ଆଖି ହଳକ
ମଣ୍ଡାପିଠା ପୁର ପରି ଭରିଚି ଭଲ ଛାତି ଭିତର
ଶୁଝିଦେବ ହାତ ଉଧାରି କାଢ଼ିଆ କରଜ
ସଜାଡ଼ିଦେବ ଗଲାଥର ଝଡ଼ିରେ ନଇଁପଡ଼ିଥିବା ଘର ମଉଡ଼
ବଢ଼ିରେ ବଂକେଇ ଯାଇଥିବା ବିଲହିଡ଼, ମେରୁହାଡ଼
ତେଣିକି ସିଧାକରି ମୁଣ୍ଡ ପଦ ପରେ ପଦ ଗାଉଥିବ
କିସ ଘେନିଯିବୁ ଛୁଟିଲେ ଘଟରେ ବାଇମନ !

ଗୋଟେ ବର୍ଷ ସୁଧାରିଗଲେ ପାଳକ ଏତେ ସ୍ୱପ୍ନର ସଂଗୀତ
ଗାଉଥାଏ ହୃଦୟ ଜାଣିଲି ପ୍ରଥମଥର
ଜାଣିଲି କ୍ଷେତଖଳାରେ କାହିଁକି ଦିଶୁଥିଲ କାଙ୍ଗାଳରୁ କୁବେର
ଟାଟା, ମିତ୍ତଲ, ଲାଲୁ ଯାଦବ, ସୁଖରାମ ଓଗେରଠୁ ଏତେବଡ଼
ମୋତିମାଣିକର ମଣିମା ଆପଣ, ମଥାଏ ଗାମୁଛା ଠେକାର
ବର୍ଣ୍ଣିଲପାହାଡ, ଏତେ କି ସୁନ୍ଦର ଜାଣିଲି ପ୍ରଥମଥର ।

ତମ ଆମ ଆଖିର ସପନ କହିଲେ ଗୋଟେ କୁହୁଡ଼ିର ଘର
ନୋହିଲେ ପରହାତେ ବନ୍ଧକବିଲ, ବନ୍‌ଶୀକଣ୍ଟାରେ
ଝୁଲୁଥିବା ନିରୀହ ଜିଅଁଳ
ଦେଖିଲ ତ, ଅମାର ଧରିଚି କି ନାହିଁ ଅମଳ ଗଣ୍ଡାକ
ଅବୈଧ ସଂଭୋଗର ରେତରଜ ମିଶିଗଲା ଭଳି
ମିଶିଗଲେ ଯୋଗାଣ ବିଭାଗ ମଣ୍ଡି ମାଲିକ
ଏଣେ ଧାନ ପେଣ୍ଡାର ଆଶା ଭିତରୁ ଖସି ପଡ଼ିଲେ ଆପଣ
ମୋ କଥା ଛାଡ଼, କଚାଡ଼ି ଦେଇଛି ମୋତେ ଦଲକାଏ ଦୁଃଖର
ଝାବଡ଼ ପବନ ।

ଆମର ଘର କହିଲେ

ଆମଭଳି ଛୋଟମୋଟ ଡରହର ଆଖି ଯୋଡ଼ିକର
ସ୍ୱପ୍ନ କହିଲେ ମୃଗ ଶିକାର
କି ମାୟା ମୋହିନୀର ସଂଗଲାଭ ନୁହଁ
ଗୋଟେ ଘର ପାଇଁ ଆମ ସ୍ୱପ୍ନ ସହିଥାଏ ବର୍ଷବର୍ଷ
ଖରାତରା କୁହୁଡ଼ି କାକର ବର୍ଷାକାଳ।

ଏତେବେଳେ ନଈ ନା କୁମ୍ଭୀର, ମାଳୀ ନା ମାଲ୍ୟାଣୀ
ଗୁଣୀ ନା ଗଜପତି, ଯମ ନା ଯଜମାନ
କିଏ ବୁଝିଛି ଆମ ଦି' ପ୍ରାଣୀଙ୍କ ଛାତିତଳ
ରକ୍ତଓଦା ଗୀତ, ମନ - ମେହେନତ
ଖରାବେଳ ନା ରାତିଅଧ, ସାପ ନା ସପୁରୀ ବଣ
ସବୁଠୁ ଫେରିଛି ଆମ ଡହଳ ବିକଳ ଖରଶ୍ୱାସ
ସକଳ ବିଶ୍ୱାସ।

ଘର ନାହିଁ ତ କୋଉ ଲୋକରେ ଗଣା ହୁଏ ମଣିଷ !

ଛାଇଟିକେ ଥିଲେ ତ ତେଣିକି ସିନା ଶଂଖୋଳି ହେବ
ଆ'ରେ ମିତ ଛାତିରେ ବ'
ଦି' ଟଙ୍କାରେ କିଲ୍ଲେ ଚାଉଳ, କୃଷିଋଣ ଛାଡ଼
ଶସ୍ତାରେ ସାର ଯୋଗାଣ
ଯୋଡ଼ିବି ଜୀବନରେ ଯୁବତୀ ଯୂଇ, ମଲ୍ଲୀସୁଖ
ଜହ୍ନରାତିର ଜଗତ, ଜଗନ୍ନାଥ ଦର୍ଶନ।

ଛାଇଥିଲେ ତ ଅବଶ୍ୟ ପଚାରିବ ଗ୍ରାମ ସେବକ
ଏ ଦଡ଼ମଡ଼ ଘର ଖଣ୍ଡିକ କାହାର
ବି.ପି.ଏଲ୍ ତାଲିକାରେ ଚଢ଼ି ପାରିବ ତ
ଅନାବନା ନାଁ ଗାଁ ମୋର
ଘର ଗୋଟେ ପରିଚୟ ବୋଲି ଜାଣିବେତ ଆପଣ
ଏତକ ନାହିଁ ବୋଲି କେତେ ଟାହି ଟାପରା
କରୁଥାଏ ଖରାତରା
ଲାଗୁଥାଏ ପାଞ୍ଚ ଜଣକରେ କେତେ ମୁଁ ଅଲୋଡ଼ା
ବେସାହାରା ।

ଏଇଥିପାଇଁ ତ ଗୋଟେ ବୋଲି ସ୍ୱପ୍ନ ଥରେଇଛି ଥରୁଥର
ନାଭିମଣ୍ଡଳ, ଓଦେଇଛି ଆଖି ହଳକ
ଭାଇ ଯାହା କୁହ ଲାଗିପଡ଼ି ଛିଡ଼ା କରେଇଲି
ବକେଟ ବୋଲି ଘର
ଭାର୍ଯ୍ୟା ଭାଷାରେ ଇଏ ଘର ନୁହଁ, ଗୋଟେ ଝାଳଓଦା ସ୍ୱର୍ଗ ।
ଏହା କଣ ମୋର ! ଭାବିଲା ବେଳକୁ ନିଜ ଭିତରେ
ଭାଙ୍ଗି ପଡୁଛି ମୁଣ୍ଡ ଟେକିଥିବା
ଟାଣ ପଣର ଦୁର୍ଗ, ମନ ମଗଜ
କେତେ ଦିନଯାଏ ରହି ପାରିବ ଏଇଘର, କିଏ କହିବ ।

ଆରେ ଆରେ, ଇଏ କଅଣ ! ଘର ଭିତରେ
ଚଟିଆ ଚୁଚୁନ୍ଦ୍ରାଙ୍କ ଭଣଭଣ ମୂତଗନ୍ଧ
ବିଲେଇ ମୂଷାଙ୍କ କଳି, ସରୀସୃପଙ୍କ ମେଳି
ଅସରପା ଡିମ୍ବରୁ ବାହାରିଲେଣି ପିଲାପିଲି
ଏଣେ ବେଙ୍ଗଙ୍କ ରମଣ, ଆର କଣେ ବୁଢ଼ିଆଣୀ
ବିଛେଇଚି ଅକଲ, ମାୟାଜାଲ
ଏଣିକି ଜାଣିଗଲି ଘର କହିଲେ ଏହାର ମାଲିକ
ହୋଇପାରନ୍ତି ହଜାରେ ଜଣ ।

ଏମିତି ଏକ ସ୍ୱପ୍ନ କାହିଁକି ସତ ହୁଏ କିଏ କହିବ
କେଉଁ କଥା ନା କବିତା
କେଉଁ ସଂହିତା ନା ସଭ୍ୟତା।

ଥାଉ, କାହାର ଲୋଡ଼ା ନାହିଁ ଆଦର୍ଶ, ଉପଦେଶ, ପରାମର୍ଶ।

କହୁ ନାହାନ୍ତି, କେଉଁ ଶିଳ୍ପପତିର ସ୍ୱପ୍ନ - ସାହାସ
ଘର ଉପରେ ସତ ହଉଥିବ, ଛୁଁ ଥିବ ଆକାଶ
ଏଣେ ଆମ ଆଖି ହଳକରେ ଘନେଇ ଆସୁଥିବ ନିଦ
ପୁଣି ଶସ ଧରୁଥିବ ସ୍ୱପ୍ନ
ରାତି ଥିବ ତ, ସତ ହେବା ପାଇଁ ପୁଣି ଘର ଖଣ୍ଡିକର
କହିବେ ତ!

ଜାଣେ, କହିବେ ହଁ ହଁ ହେବ। ବିସ୍ଥାପିତ କଲୋନୀରେ
ମାଲମାଲ ଘର
ଦେଖାଇ ଦେଉଥିବ କମ୍ପାନୀଲୋକ
ବାଃ' ରେ ପୁଅ, ଆମଭଳି ଛୋଟମୋଟ ଲୋକଙ୍କ
ସ୍ୱପ୍ନ ସହ ଖେଳିଜାଣ ବୋଲି ତ
ଆମର ଘର କହିଲେ ଏହାର ହଜାରେ ମାଲିକ।

ଗୋଟେ ବାଲିର ବାପା ଗଢ଼ନ୍ତ କି ସୁଦର୍ଶନ

କେମିତି ବିବେକ ହୁଏ ବିଲ, ହାଡ଼ ହୁଏ ହିଡ଼, ସ୍ୱପ୍ନ ହୁଏ ଗଛ
କଲିଜା ହୁଏ କଢ଼
ରକ୍ତ ହୁଏ ଶସ, ବିଶ୍ୱାସ ହୁଏ ଫସଲ
ଏତକରୁ ଯିଏ ଅମଳ କରେ ସିଏ ବାପା, ଜଣେ ରଇତ।

କେବଳ ବାପାମାନେ ହିଁ ଗଢ଼ି ଜାଣନ୍ତି ଘର, ଦେଶ
ପଥରରୁ ଈଶ୍ୱର, ମହୁମୁହାଣ। ହୋଇ ପାରନ୍ତି
ନିଆଁ ପାଖରେ ପତଙ୍ଗ, ସାପ ମୁହଁରେ ବେଙ୍ଗ।

ତେଣୁ ବାପାଙ୍କ ଛଡ଼ା ଆଉ କାହା ମଥା ମଉଡ଼ରେ
ଦେଖି ପାରିଲିନି ମନ ମୁତାବକ ନାଲି ଗାମୁଛାର ନେତ
ଉଡୁଥାଏ ଫରଫର ସୁଖଦୁଃଖର ଅଛିଣ୍ଡା ଅମାନତ
ଦେଖୁନ, ମେଘ ବାହୁଡ଼ା ମଧ୍ୟାହ୍ନର ତେଜ ପରି
ପାକଲ ମୁହଁ, କେଉଁ ଗୋଟେ ଗଡ଼ ଜିତିଲା ପରି
ଦେହର ଗଢ଼ଣ
ପଲ୍ଲବିତ, ଫୁଲଫଳ ଭର୍ତ୍ତି ଗୋଟେ ଚଉକଷ ଗଛ
ନଇ ପଡୁଥିବା ଡାହି ଡାଳପରି ପିତୃପଣ
ଏମିତି ରୂପ ସହ ସରିହେବ ନାହିଁ ସ୍ୱୟଂ ନାରାୟଣ।

ଦେଖିବ ତ, ନଇ ବଢ଼ିରେ ଉଜୁଡ଼ି ଯାଇଥିବା
ଗାଁ ଗଣ୍ଡାରେ ସାହାସ ଦେଉଛି କେଉଁ ଲୋକ

ମରୁଡ଼ି ଅଞ୍ଚଳରେ ବଳଦପରି ଠେଲୁଛି କିଏ
ରିଲିଫ୍ ଶଗଡ଼
କିଏ ଉଠଉଛି ଝଡ଼ରେ ଭାଙ୍ଗି ପଡ଼ିଥିବା ଗଛ
କିଏ ପୋତୁଛି କୁଢ଼କୁଢ଼ ଗାଈଗୋରୁ ମଣିଷର ଶବ।

ବାପାଙ୍କ ଛଡ଼ା କିଏ କାହିଁକି କରିବ ଏମିତି କାମ
ଆମ ଗାଁ ନାରଣ ସାହୁର ତହସିଲଦାର ପୁଅ
ନା ସରପଞ୍ଚ ମକୁ ଖଣ୍ଡାୟିତ।

ନଈ ହେଉ କି ନରକ, ମଳୟ ହେଉ କି ପ୍ରଳୟ
ଆଡ଼ କରିଦିଏ ବାପାଙ୍କ ବାଇମନ
କେବେ ପକ୍ଷୀ କେବେ ପଥିକ କେବେ ସାଥି
କେବେ ସାରଥି
ଆବର୍ଜନାରୁ ହେଉ କି ଉର୍ଜନାରୁ ସାଉଁଟି ସୁଖଶିରୀ
ନିଅରେ ପିଲାଏ ଜୀଇଁ ଶିଖ ଭୋଗକର
ବାପାଙ୍କ ଛଡ଼ା ଏଇ ପଦକ କିଏ କହିଛି, କହୁନ।

ଆମେ ପଚାରି ପାରିଲୁ କି କାହିଁକି ଖରାବେଳ ସାରା
ନଈନାଳ ପରି ଏତେ ବହିଗଲ
ଏତେ ଧନ୍ଦି ହୋଇ କାହିଁକି ପୋତିଲ ଗଛ ପରେ ଗଛ
ମାଂସ ହାଡ଼ କୁଢ଼କରି କାହିଁକି ପୋତୁଛି ଗାତଗାଡ଼
ଆପଣଙ୍କ ତ୍ୟାଗ
ହାତଲେଖା ଗୀତ ଖତସାର ହୋଇ ପୁରଷ୍ଟ କରୁଛି
ଭାଷଣ, ଶିକ୍ଷାଦାନ, ଗଦାଗଦା ଉଦାହରଣ।

ଏମିତି ଏକ ବାପା ହେବା କଅଣ ଏତେ ସହଜ!

ଜଣେ କେହି ହୋଇ ପାରିଲ କି
ଆମ ଭିତରୁ ଯିଏ ବାରି ହୋଇପଡ଼ ଥରୁଥର

କହିବ ତ, ଦକ୍ଷିଣା ଆଣିବା ବାହାନାରେ
କାଟି ଆଣିନ କି ଶିଷ୍ୟର ଆଗତରୁ ଗୁଣୁଗୁଣୁ ଗୀତ
ଲୁଟି ନେଇନ କି ପଡ଼ିଶା କ୍ଷେତରୁ ଶସ୍ୟତକ
କଲମ ମୁନରେ ମାରିନ କି ନହୁଲି ନଈ
ମର୍ଜିରେ ବିକି ଦେଇନ କି ବଣ ଓ ପାହାଡ଼
ଶୀର୍ଷରେ ଥାଇ ଶୋଷିନାହିଁ କି ପାପପଣ
ଦେଶର ଦୁଧ ହାଣ୍ଡିରୁ ଲୁଟିଲୁଟି ଲବଣି ସର।

ଏବେ ଖୋଜା ପଡ଼ିଛି ଆମ ଗହଣରେ ବାପାପରି
ଜଣେ ମଣିଷ
ଯିଏ ବିରକ୍ତରେ ସୁଅ ମୁହଁରେ ପଡର ପରି
ଉଝେଇଁ ଦେଉଥିବ ଲାଞ୍ଚଖୋର ଆଇ.ଏ.ଏସ. ପୁଅ
ଯିଏ ସାରା ସହରରୁ ମଡେଲ୍ ଝିଅର ବିଜ୍ଞାପନ
ଚିରୁ ଚିରୁ ମରି ଯାଉଥିବ
ଏମିତି ଏକ ବାଲିର ବାପା ଗଢ଼ନ୍ତ କି ସୁଦର୍ଶନ।

ଦାଢ଼ିଭର୍ତ୍ତି ମୁହଁ, ଦେହରେ ଚଦର, ଆଖି ଛଳଛଳ
ସୁଆଣ୍ଡୋ ଗାଁରୁ
ଆସୁଥିବା ପରି ଲାଗୁଥିବ ପାଦ ହଳକ
ହାତରେ ଧରେଇଥିବ ଖଣ୍ଡେ ସମାଜ କାଗଜ, ଗଢ଼ିବ ତ !

■

ମୋହିନୀ

ପ୍ରକଟ ହେଲ ବୋଲି ତ ଭାବନା ଭୂଇଁରେ ଅଛି କୁଞ୍ଜବନ
ଅଛି ପୁଣି ରସିକ ପ୍ରବର ଗୋଟେ ଭ୍ରମରମନ
ଜାଣିଲି ପ୍ରଥମଥର
ପ୍ରିୟ ନାରୀଠୁ କେଉଁ ପରି ମାଗିବାକୁ ହୁଏ ଯାହାଯାହା
ଜାଣିଲି ଅବଶ୍ୟ
ମାଗିଚି ଶୋଷାତୁର ପ୍ରାଣ ପାଇଁ ଆଞ୍ଜୁଳେ ବର୍ଷା ବିଳାସ
ଛାତିକି ରକ୍ତ ମନ୍ଦାର ପାଦ, ମଥା ପାଇଁ ଚୁମ୍ବନ ଦାଗ।

ତମେ ତ ସେହିପରି ଲାଗୁଛ ଜାଣି ମାଗିନେବା ପାଇଁ
ଗାଇଲି ଯୋଗୀଗୀତ, ଏହାଛଡ଼ା ଆଉ କି ଉପାୟ
ମାଗି ପାରିଲି ତ
ଏହା କ'ଣ ସମୁଦ୍ର ଆକାଶଠୁ ବଡ଼ କଥା ନୁହଁ।

ତମେ ତ ସେଇ ରୂପରେ ପ୍ରକଟ ପ୍ରିୟେ, ଚମକେଇଚ
ସ୍ଥାନ, କାଳ, ପୁରୁଷ ଜନ୍ମ
ଦେଖୁ ଦେଖୁ ତ ଆୟତ୍ତ ବାହାରେ ଗୋଟାପଣେ ଛିଡ଼ା
ସୁହଟ ନାଗର
ଏମିତି ରମଣୀଠୁ ରମଣ ଲୋଡ଼ିଲେ ଏ ପ୍ରେମର ଦାସ
କାହିଁକି ଜାଣିବ ଆଗତ ଅନାଗତ ପାଇଁ ଅଛି କି
ନିଜ ଲାଗି ପାତକ, ଘାତବାର, କୃଷ୍ଣପକ୍ଷ, କଣ୍ଟାବଣ !

ଉଭା ହେଲ ତ ବିଚରା ବିମୋହିତ, ବଦଳିଚି ପ୍ରବୃତ୍ତି
ବିପରୀତ ବୁଦ୍ଧି
ସାରା ଶରୀର ଚନ୍ଦନ ଗଛ ରାସ ବିଭୋର
ବିରହର ପୀଡ଼ାଭୋଗ ଏତେ ପ୍ରଖର ଅଗଭୀର
ଜାଣିଲି, ତମ ହସ ସହ ହସ ଯୋଡ଼ିଲି ସିନା ପ୍ରଥମଥର ।

ଏମିତି ବିଭୋର ବେଳାରେ ଥାଇ ଆମ ଭିତରୁ କେହି କ'ଣ
ଡେଇଁ ଯିବ ବସନ୍ତ ମାସ ନା ହୁରୁଡ଼େଇଦେବ
ଫୁଲରୁ ଭଅଁର, ଡାଳରୁ ରତିରଙ୍କ ଚଢ଼େଇ ହଳକ
ନାଇଁ ନାଇଁ, ରଚିବା ଆସ ଚମତ୍କାର ଗୋଟେ
ପ୍ରଣୟ ନୀଡ ।

ଯେତେ ଦହିଲେ ବି ରକ୍ତ, ହାଡ଼, ମାଂସ, ପୁରୁଷାକାର
ସେତେ ହାଲ୍ଲୋର ତେଜ, ଓଜ, ବୀଜ
ସେତେ ଦହଗଞ୍ଜି ଭିତରୁ ଫିଟି ପଡୁଛି ଧାନକେଣ୍ଣା ପରି
କ୍ଷଣୁକ୍ଷଣ ପ୍ରେମିକ ପଣ
ମିଥୁନର ମିଥିଳାରେ ମନ ମେଲାଇ ମାଗୁଚି ପ୍ରିୟେ
ଆଲିଙ୍ଗନ, ନିବିଡ଼ ବନ୍ଧନ କୌଞ୍ଚପକ୍ଷୀର ଦିଅ
ଏମିତି ତ ମାଗିମାଗି ଶେଷ ହୋଇଯିବା କଥା ଯିବ ଏ ଜୀବନ
ଦେଖି ଦେଖି ତମ ଅନୁପମଠି ନିଜର ମଧୁର ମରଣ
ଆଉ କି ଲୋଡ଼ା ଚକ୍ର, ତ୍ରିଶୂଳ, କପଟ ଖେଳ ।

ଜାଣୁଥିଲେ ବି ମନ୍ଦ ଉଦ୍ଦେଶ୍ୟ, ମିଛହସ, ମାୟାବେଶ
ତଥାପି ନାଗରୀ ବୋଲି ତ
ଭେଦୁଚି ପାଦ, ନାଭି, ନୟନ ସମଗ୍ର ନାରୀବେଶ
ମଣିଚି, ଭେଟ ହେବା ପରଠୁ କେଡ଼େ ତୁଚ୍ଛ ଏ ଅମୃତ
ଲୋଡ଼ିଚି, ସାନ୍ନିଧ ଶରରେ ବିଦ୍ଧ ହେବାର ଖିଏ ଭାଗ୍ୟ

ସେହି ରମଣୀୟ ମୁଦ୍ରାରେ ବରଂ ବିଜୟ ପ୍ରାପ୍ତ ହୁଅ
ଖଣ୍ଡ ମଣ୍ଡଳରେ ପଡ଼ିଥାଉ ଅରକ୍ଷ ଦେହ, ପ୍ରାଣପାତ
ଗୋଟେ ପ୍ରେମର ପ୍ରପାତ।

ମୋହିନୀ, ନାରଙ୍ଗୀ ବେଶଠୁ ଅସ୍ତ୍ର କି ଅଧିକ! ପାହାଡ଼ରୁ
ଖସି ପଡୁଥିବା ପାଣିର ସୁଅଠୁ ଆହୁରି ଶାଣ ବୋଲି
ପ୍ରେମର ଉଦୟ ବେଳ ନୋଇଁଲି ମୁଣ୍ଡ
କେଉଁ ବୁଝିଲ ପୁରୁଷାର୍ଥ, ପ୍ରେମ ମନ୍ତ୍ରର ସବାଶେଷ
କାନ୍ଦକାନ୍ଦ ଉଚ୍ଚାରଣ
ଏତେ ଆବେଗ ନେଉନ ନିମଗ୍ନ ରକ୍ତର ରହରହ ଡାକ
ନା ଶୁଣିଲ! ଶୁଣିଥିଲେ ତ
ଆଉ କି ଲୋଡ଼ା ଥିଲା ଏତେଏତେ ଅବତାର, ଅଭିଯାନ।

■

ଅସୁର ଅକାରଣ

କଥା କଅଣ କି ନବଘନ, ଏତେ କାହିଁ ବିଭୋର ଦିଶୁଛି ମୁହଁ!

କିଏ ଖୋଲିଦେଲା କି ଅପାଣିଆ କପାଳରେ ସୁଖର କେନାଲ୍
ଯେଉଁଠୁ ମାପଚୁପ ପାଣି ପରି ଥାଏ ଗୋଟେ ମୂଳଚେର
ଭେଦର ରହସ୍ୟ, ହୁଏତ ସେଥିରେ ଭେଦୁ ଥାଇପାରେ
ଦିନେ ଅଧେ ଛାତିର ଟାଙ୍ଗର ବିଲ
ଯଦି ବୋଧ ଦେଉଛି ବିଶ୍ୱାସ, ତେବେ କରିପାରୁ ଆଶା ଆକାଂକ୍ଷାର
ରୁଆ ବେଉଷଣ
ମନେହୁଏ, ଆଜି ନ'ହେଲେ କାଲି ପସ୍ତେଇବୁ ନବଘନ
ଯେତେବେଳେ ଫେରୁ ନ'ଥିବ ମୂଳଧନ ବୋଇଲେ ବିଶ୍ୱାସର
ବିହନ ମୁଠାକ।

ଜାଣେ, ହାତ ପାହାନ୍ତରେ ଅଛି ଭୋକର ଭୂଗୋଳ ଧର୍ମ ନିରପେକ୍ଷ ଦେଶ
ଅଛି ମଂଦିର ପ୍ରବେଶ ପାଇଁ ସର୍କାରୀ ଆଦେଶ, ବି.ପି.ଏଲ୍ କାର୍ଡ
ଦି'ଟଙ୍କାରେ କିଲେ ଚାଉଳ
ମୁଣ୍ଡ ଗୁଂଜିବାକୁ ଖଣ୍ଡେ ଇନ୍ଦିରା ଆବାସ
କାହିଁରେ କେତେ ସୁବିଧା ସୁଯୋଗ ସବୁଥିରେ ସ୍ଥାନ ସଂରକ୍ଷଣ
ନବଘନ, ଏ ଦୟା ନା ଦାନ! ତୋତେ ଲାଗୁଥିବ
ଅପାଳକ ଜୀବନରେ ମେଘମହ୍ଲାର, ମୋତେ ଲାଗୁଛି
ଇଏ ଗୋଟେ ମଲାଜହ୍ନ, ସୌଦାଗରୀ ଚାଲ୍।

କହ, ଯାହାଯାହା ପାଇବାର ଥିଲା ପାଇଥିଲେ କି ପୂର୍ବପୁରୁଷ !

ଯେମିତି ଏ'ଯାଏ ଆମ ଖୁଆଡ଼ର ହାତପଇଠ ହେଲା ନାହିଁ
ପାରିଜାତ, ଐରାବତ, ଇନ୍ଦ୍ରାସନ, ଥୋପାଏ ପୀୟୂଷ
ଏମିତିକି ବିଷ, ସାଗର ମଂଥନରୁ ମିଳିଲା କି ଭାଗ !
ସୁଖ ସୌଭାଗ୍ୟ ଶ୍ରେଷ୍ଠ ଫସଲର ଅମଳ ଗଣ୍ଡାକ
ଅମରାବତୀ ତାଙ୍କର
ଝଡ଼ି ବଢ଼ି ମରୁଡ଼ି ଭୋକ ଶୋଷର କଂଠା ଆଗଡ଼ି, ସରସର ଦୁଃଖର
କଳାହାଣ୍ଡି, କାଶୀପୁର ଆମର ।

ଆମର କହିଲେ କାହିଁକେତେ ବର୍ଷବର୍ଷର ପରିତ୍ୟକ୍ତ ରେତ, ମୂତ
ରକ୍ତର ଦୁର୍ଗନ୍ଧ ପରି ଅଳ୍ପ ଆୟୁଷର ବାସନ୍ଦ ଜୀବନ
ହେୟ ହେଲା ହଇରାଣର ଗୋଟେ ଗୋଗଚ୍ଛବଣ ସବୁ ଆମର
ଆମ ଭିତରୁ କେହିକେହି ମୁଣ୍ଡ ଟେକିଲେ ସିଏ ଅସୁର
ନିପାତ ପାଇଁ ଆରମ୍ଭ ହୁଏ ଛଳ ଛଦ୍ମ, ଆଳ ପରେ ଆଳ
ମାୟା ମୋହିନୀର ନାନା ରକମର ମନ୍ଦବୁଦ୍ଧି ଖେଳ
ଅପବାଦ ଅପଯଶ ପାଇଁ ଲେଖାହୁଏ ପୋଥି, ପୁରାଣ, ବେଦ
ପ୍ରତି ପୃଷ୍ଠାରେ ଆମେ ସବୁ ଅକ୍ଷର ଆଶ୍ରିତ ବେଧଫଳ, ନବଘନ !
ଏବେ ଅଛୁତ, ଇତର, ଅସୁର ଭିତରେ ଫରକ କଅଣ
ନିଜକୁ ପଚାର ।

ଆର୍ଯ୍ୟାବର୍ତ୍ତ ଭାରତ ବର୍ଷ ! ଏଠି ମାଛ କଇଁଛ ଘୁଷୁରୀ ଯୋନୀରେ
ଜନ୍ମ ନିଅନ୍ତି ମହାପ୍ରଭୁ ଧନ୍ୟଧନ୍ୟ !
ଦେଶସାରା ଗଙ୍ଗାପାଣି, ବେଦବାଣୀ, ରାମ କାହାଣୀ
ବିଦେଶୀ କଂପାନୀ, ହରିବୋଲ !

ଆଜି ଯାହା ଚର୍ଚ୍ଚିତ ଚଉକି କାଲି ଥିଲା ଇନ୍ଦ୍ରାସନ
କାଲି ଯାହା ସ୍ୱର୍ଗପୁର ଆଜି ତାହା ବିଧାନସଉଧ, ସଚିବାଳୟ
ଯିଏ ଥିଲେ ପ୍ରତିପକ୍ଷ ଆଜି ଆସନରେ ମୁନିବ, ହାକିମ, ମାଲିକ

ମାମଲତ୍‌କାର, ଆଉ ବାଟ ନାହିଁ!
ପାଟି ଖୋଲିଲେ ବିଶ୍ୱବ୍ୟାଙ୍କ ଋଣ, ବିସ୍ଥାପନ, ତ୍ରାହି ତ୍ରାହି!
ନବଘନ, ଫାନ୍ଦ ଫନ୍ଦ ଫନ୍ଦିର ଘଟଣାବର୍ତ୍ତରୁ ମୁକ୍ତି କାହିଁ!

ଏବେ କହିପାରୁ, ମୁକ୍ତି ପାଇଁ ଲେଖା ହେଲାଣି କିଆ କେତକୀ
ବଦଳରେ କାହିଁରେ କେତେ ନିଆଁର କବିତା
ପାଦପାଖ ନାଖରାଦୀରେ ପହଞ୍ଚି ସାରିଛି ସାଧବ ବୋହୂ ପରି
ଶହେ ସରିକି ଏନ୍‌ଜିଓ ସଂସ୍ଥା
ପିଠିରେ ପଡ଼ିବାକୁ ତୟାର୍ ଅଛି ଦଳିତ ସଂଘର ନେତା
ନାଇଁରେ ଭାଇ, ସଭିଁଏ ରାଜାଙ୍କ ରକ୍ଷିତା!

ଆମେ କେମିତି ଜାଣି ପାରୁନେ କେବେଠୁ ଛିଡ଼ା ହେଲେଣି
ଯେମିତି ମାଲିକର ମାହଲ ମାହଲ ଧାନ କିଆରୀରେ
ମାହାଳିଆରେ ଟେକିଥାଏ ହାତ ଗୋଟେ ଗୋଟେ ପାଳଭୂତ
ଆମର କେମିତି ମନେପଡୁନି କେଉଁଠି ଛିଡ଼ି ପଡ଼ିଛି କଟାମୁଣ୍ଡ ପରି
ଅପମାନର ମୂଳ ବିଷୟ, ପରାସ୍ତ ଦିନ, ରହିଯାଇଛି ଅଧେ ଯୁଦ୍ଧ
ଉମର ପରେ ଉମର କରମ ଓ କପାଳରେ ଥିବା ଅଗଭୀର ପଟପଟ କ୍ଷତ
ଏହା ବିସ୍ମରଣ ନା ବିକଳରେ ବଂଚି ରହିବାର ଅନ୍ୟ ଏକ ସଂସ୍କରଣ
ଏଥିରେ କଅଣ ସତୁସତ ବଂଚିହୁଏ ନବଘନ, ନିଜକୁ ପଚାର!

■

ଅଛବ

ଏଇଠି ଓହ୍ଲେଇ ଦେଲି ବୋହି ଆଣିଥିବା ଅର୍କ୍ଷିତ ଭାଗ୍ୟର
ଅସହି ବୋଝ ଜୀବନସାରା ଲହୁ ଲୁହାଣ ମୂଢ଼ କାକୁସ୍ଥ କପାଳର।

ଏବେଠୁ ଖପୁରି କି ଖପରାସମ ତେଣିକି ଯେତିକି ଦିନ
ଏଇଠି ପଡ଼ି ରହିବା କଥା, ରହୁ
ଯେ କେହି ଉତ୍ତରାଧିକାରୀ ମୋ ରକ୍ତର, ନ' ପାରିବା ପଣର
ନେବନେବ, ଆଜି ନ'ହେଲେ କାଲିକି ଯେମିତି ହେଲେ ନେବ।

ଦେଖ ପିଲାଏ! ବୋଝର ଗଣ୍ଠି, ଗୁମର, ଗର୍ଭଗୃହ
ବୋହିବା ଛଡ଼ା ଅଧିକ କଅଣ ଜାଣିଲି ଯେ
ବତେଇ ଦେବି ନିଷ୍କପଟ ତିଥି, ସରଳ ବାଟ
ସହଜ ସହଜ ବୋହିବା ବିଷୟ, ସୁସ୍ଥ ଆଉ ସୁସ୍ତିରେ ଜୀଇଁବାପାଇଁ
ଜଣେଇ ଦେବି ଜୀବନର ଗୀତ ଓ ଗଣିତ
ଚିହ୍ନଟ ଦେବି ଭୋଗ ଦଖଲ ପାଇଁ ମାଟିରେ ଥିବା ଭାଗ ଗଣ୍ଡାକ
ନାଇଁ ନାଇଁ ମୋ ଦେହି କିଛି ହେଲା ନାହିଁ, ଜାଣ।

ମୁଁ ତ ମେରି ଖୁଣ୍ଟରେ କସରା, କଳା, ଛଉକା ପରି ଖଳାସାରା
ସାରି ଦେଇଛି ବଳ ବଅସ
ମଥା ନୁଆଇଁ ମାନି ନେଇଛି ମାଲିକର ମେରୀରାୟ
ଥରଟେ କେଉଁ ମୁହଁ ଖୋଲି ପାରିଲି କି ବେକରେ ଥିଲା ପରା
ପଘାପରି ଟାଣ ପିତୃ ପୁରୁଷଙ୍କ ଋଣ, ରାଣର ନିୟମ।

ସେଇଠୁ ଶୃଙ୍ଗପରି ଶିର ଶିରପାର ଅହଂକାର, ଉଚ୍ଚ ବଂଶର
ଘଟ ଘଟଣାର ଘା' ଘାଉଡ଼, ତାଉ ଭାଉ
କେତେ କଅଣ ଅଖଂଜ ଆଦେଶ ମୋ ପାଇଁ ଶିରଧାର୍ଯ୍ୟ
ସହିଲି ସହିଲି, ଜୀବନକୁ ଜାକିଜୁକି ଜୀଇଁଲି ଜୀଇଁଲି
ହଁ ମାନୁଛି, ଏପରି ଜୀଇଁବାରେ ନା' ଥିଲା ସୁଖଶିରୀ
ନା' ସ୍ୱାଭିମାନର ଗୁଣ୍ଡେ ଦି' ଗୁଣ୍ଠୁର ଫୁଲଉଡ଼ା ଧାନ କିଆରୀ
ନା' ସୁନ୍ଦର ସ୍ୱପ୍ନ, ଶ୍ୟାମଳ ମୈଥୁନ, ଫଗୁଣ ପରୁହାଁ ଦିନ
ନାଇଁ ନାଇଁ କିଛି ବି ନ'ଥିଲା
ନ' ଥିଲା ଚଇତ କି ଚଇତାଳିର ପଦେଅଧେ ଶୃଙ୍ଗାର ସାଏରୀ।

ୟା' ବୋଲି ଭାବୁଛ କି, ବୋହିବା ଛଡ଼ା ଆଉ କିଛି ଜାଣିନି
ଜାଣିଛି ପ୍ରଜାପତିର ଜନ୍ମ ବୃତ୍ତାନ୍ତ, ସାପ ନେଉଳ ରଣ
ବାଘ ମଂଜାରି ଖେଳ, ଜୀଅଁଳ ଗୁନ୍ଥି ମାଛ ଧରିବାର ସୂତ୍ର
ଇଟା କି ପଥର ଟେଳାଏ ଥାପି ଇଏ ଈଶ୍ୱର କହି କୁହାଇ
ଭଣ୍ଡେଇବାର କଳା, ବଶ କରିବାର ମନ୍ତ୍ରପାଠ ମୋତେ ଜଣା
ବେଶ୍ ଜଣା।

ନଉକା କେଉଁ ନାୟିକା ହେଲାଣି ନା' ହେବ, ମୁଁ କଅଣ
ଜାଣିନି କି, ଜାଣିଥିଲି ବୋଲି ତ
ଅସଉଚ ହାତରେ ଛୁଇଁ ଦେବି ବୋଲି ଧୋଇ ଦେଲି ପାଦ
ନିତି ବଣ ମୁଲକରେ ଖାଉଥିବା କୋଳି ମିଠା କି କଷା
କିଏ ନ ଜାଣେ ଯେ' ଜାଣି ପାରିଲିନି, ଜାଣିଜାଣି
ଖୁଆଇ ଦେଲି ଅଇଁଠା କୋଳି
ଦକ୍ଷିଣା ଦେବା ବାହାନାରେ ଏକା ରାହାରେ ଦେଲି ଦେଲିତ
ଅଛବ ଅଙ୍ଗରୁ କାଟି ଦେଲି ବୁଢ଼ା ଅଙ୍ଗୁଳି।

ହେତୁ ହେଲା ଦିନରୁ ଜାଣିଥିଲି ଗାଁ ଶେଷ ଉତ୍ତର ଭାଗରେ ଥିଲା
ପ୍ରାଚୀନ ଛନ୍ଦ କପଟର ଭିନ୍ନେ ହେଲା ଭାଇ ପରି
ଠା' ଠା' କରି ଦିଇଟି ଶ୍ମଶାନ

ସେଥିରୁ ଗୋଟେ ଆମ ପରି ଇତର ଜନର
ଏଥର ଚକବନ୍ଦୀରେ ଲାଗିପାତି ଗୋଟେ ପ୍ଲଟ କଲି
ଗୋଟିଏ କିସମରେ ସମାନ କଲି ସମାନ
ବି.ଏ. ପଢୁଥିଲା ଝିଅ ଉର୍ମି, ମହନ୍ତ ଘର ପୁଅ ସହ
କୋର୍ଟ ବିବାହର ସତ୍ୟପାଠ କରିସାରିଛି କରଗତ
ଏଣିକି ପୂଜା ଅର୍ଚ୍ଚନା ବେଦପାଠ କରିବାର ଅଧିକାର
ଆମକୁ ମିଳିଛି, ନିର୍ଦ୍ଦେଶ ଦେଇ ସାରିଛି ଉଚ୍ଚ ଅଦାଲତ।

ହଁ ହେ, ଛୋଟ ମୁଣ୍ଡରେ ଯେତିକି ଯେତିକି ଜାଣିଥିଲି
ନେଉନ ହେଲି ଫନ୍ଦି ଫିକର କଲି
ଛାତିତଳ ଦୁଃଖ ବଉଳା ଦରଜ ଦରଜ ଦାବି
ଥରଥର କରି ଶହେ ଥରକେ ପୂରଣ କଲି
ଏଣିକି ଯାହାଯାହା ରହିଲା ମୁଣ୍ଡ ନୁଆଇଁ ନୁହଁ
ଏଣିକି ହାତ ଉଠାଇ ନିଜ ବିଚାରରେ ହାସଲ କରିବ
ନିଜ ମାନ ମହତ ନିଜେ ବୁଝିବ।

■

ବିଜ୍ଞାପନ

କେମିତି ଲାଗୁଛି ଜଗତିକରଣ କାନ୍ଥରେ ଏତେବଡ
ବିଜ୍ଞାପନ ! ଖୋଲା ରଖିଚୁ ଏ'କୁ ଆରେକ
ଅଗଣା ପ୍ରଗଣା ପେଟ ପାଟଣା, ଆସ ।

ଅଛି ବଣ ପାହାଡ଼ ଝରଣା ଜଳର ଅଳି ଓ ଅଲ୍ୟଳ
ବର୍ଷକ ବାରମାସ ଦେହସାରା ଶୀତ
ଭୋକ ବିକଳ ଗୀତ
ଅଛି ନିରୀହପଣ, ପ୍ରଣାମ, ମା' ରାଣ
ଭଜନ ଭୋଜନ ରମଣ ରଙ୍ଗ ଲନ୍ଦପନ୍ଦ ଲଫଙ୍ଗା ଜୀବନ
ଅଭିଯୋଗହୀନ ।

ମାଲିକ ମହାଜନ ମହାମାନ୍ୟ ଆସିଗଲ, ଭଲଭଲ !
କାହାକୁ ଖୋଜୁଛ
ଶାସକ ପ୍ରଶାସକ ସାମ୍ବାଦିକ ବିରୋଧିଦଳ
ହାଁ ଜୀ ହାଜର ।
ଜମି ଜଳ ଜଂଗଲ କେଉଁଠୁ କେତେ ନେବ
ଅଛି ତ ଉପହାର ଉପୁରି ଆହାର
ହଉ ହଉ, ଧନ୍ୟବାଦ ! ଏଣିକି ଲଗେଇ ଦିଅ
ଦମ୍ ଦିମାକ ସଲାମୀ ସଇତାନୀ ସୂତ୍ର
ପିଢ଼ି ପରେ ପିଢ଼ି ଆଦାୟ କର ସୁଖ ଆଉ ସୁଧ
ରକ୍ତ ରସରୁ, ଶସ୍ୟ ଶସରୁ ସକଳ ଆନନ୍ଦ ।

ଗୋଟେ ଦି'ଟା ରଥଯାତ୍ରା, ଜିଲ୍ଲା ମହୋତ୍ସବ ପାଇଁ
ଅଜାଡ଼ି ଦିଅ ସୁନାଚାନ୍ଦ ପରି ଚାନ୍ଦାର ଉଦୟ
ଆହୁରି ବଙ୍କା ହୋଇଯିବ ଲାଞ୍ଜ, ଲକ୍ଷଣ, ଫାତୁମନ
ତେଣିକି କୁଁ କୁଁ ଛାତିରେ ଆମର ଲଗେଇ ଦିଅନ୍ତୁ
ଯାହାଜ, ଜୋତା ହଳକ
ଆମେ କହିବୁ ଚଳିବ ଚଳିବ, ସ୍ୱାଗତମ୍ ।

ଅଛି ନହୁ ମହୁ ଉହୁ କୁହୁ, ନିଅ ସୌଦାଗର
କରଜରେ ବୁଡେଇ ଦିଅ ପେଟ ପିଠି ପାପୁଲି
ଦରଜରେ ଦବେଇ ଦିଅ ମନ-ମଗଜ, ମେରୁମଞ୍ଜି
ଆମର କାନ୍ଦଣା କହିଲେ କଇଁକଇଁ
ଆମର ଓଢ଼ଣା କହିଲେ ନଇଁନଇଁ
ଆମର ସମ୍ବଳ କହିଲେ ଏମ.କେ.ଗାନ୍ଧୀ, ଆମ୍ବେଦକରଙ୍କ
ଦରଦୀ ଦର୍ଶନ, ଗୁଣ କୀର୍ତ୍ତନ, ମଧୁର ଭାଷଣ- ଶାନ୍ତି ଶାନ୍ତି !
ଏତକ ଆମର ଉଦାହରଣ କହିପାର ଆନ୍ଦୋଳନ
ଫୁ' ପବନ ।

ଅମୃତର ଦେଶ ଇଏ, ଏଠି ପ୍ରଭୁ କହିଲେ ମାଛ, କଇଁଛ
ସାପ, ମାଙ୍କଡ଼, ଶ୍ରୀଜଗନ୍ନାଥ
ଆମ୍ଭେ ହିଞ୍ଜିଡ଼ା ଶରଣାଗତ, କୃତ୍ୟ କୃତ୍ୟ !
ହେଉ ବସ୍ତ୍ର ହରଣ କି ମଣିଷ ଚାଲାଣ
କହୁ ଈଶ୍ୱରଙ୍କ ଖେଳ
ଯଦି କେହି ହରେଇବ ହଜାରେ ଥର, ଲୁଟିନେବ
ଜମି, ଯୁବତୀ, ଜାତିଆ ବିହନ, ମୁଣ୍ଡରୁ ବାଳ
କହିବୁ ଭାଗ୍ୟ ଭାଗ୍ୟ !

ଏହାଠୁ ଅଧିକ ଆଗେଇ ପାରିନୁ ଅଢ଼େଇ ପାଦ
କେବଳ ନିକମ୍ମା ନିଦ, ନିତାଇ ଗଉର...
ହରିବୋଲ ।

ଏଥିରୁ ଆପଣ ଖୋଜି ପାରନ୍ତି ପରମ୍ପରା, ପ୍ରଭୁ ଭକ୍ତିର
ବିଚିତ୍ର ପ୍ରଦର୍ଶନ, ପିଳେହି ପାଣି ହେବାର ପ୍ରକୃତ କାରଣ
ଆମେ ତୁଳସୀ ଗଛ ନା ଗୋଗଛ ବଣ
ପବନ ବେଗ ନା କଷି ମେଘ, ଝାଞ୍ଜି ନା ଝାଞ୍ଜ
ପ୍ରହରୀ ନା ପାଳଭୂତ ! ଜାଣିବେ ନିଶ୍ଚୟ
ଆପଣଙ୍କ ଦୃଷ୍ଟିରେ ଆମେ ଅଭୂତ, ବିସ୍ମୟ ବିସ୍ମୟ ।

ପରୀକ୍ଷା ପାଇଁ ନେଇ ପାରନ୍ତି ରକ୍ତ, ରେତ, ମୂତ, ସନମତ
କେମିତି ନେବ ବ୍ୟସ୍ତ ହୁଅନ୍ତୁନି
ଆମରି ଭିତରୁ ପାଇଯିବେ ଅତି ସହଜ ଉପାୟ, ହଁ ।

■

ଲଳିତା ଲବଙ୍ଗଲତା

ଆରେ ଆରେ, ମୁଠାଏ ସୋରିଷର ଏତେ କଉଶଳ ଏତେ ଫେର
କେମିତି ଜାଣିବ ଲଳିତା ଝିଅ।

ଏଣେ ଗର୍ଜିଲାଣି ବାଘ ତେଣେ ବର୍ଷିଲାଣି ମେଘ ଝରଝର
ଏଣେ ଖାଇଲେଣି ହରିଣ ପଲ ଉଷୁନା ଧାନ, ଝିଅ ତରତର
ତେଣେ ବର୍ଣ୍ଣାଶ୍ରମରୁ ଦାନ ମାଗିଲେଣି ବ୍ରାହ୍ମଣ, ଲାଗୁଚି ଡର
ଏତେ ଫେର୍‌ଫାର ଜାଣେନା ବୋଲି ତ ବଣ ମୁଲକର ହାଉଳି ଝିଅ
କାଉ କି କୋଇଲି ଯିଏ ରାବିଲା ରାଉରାଉ କି କୁହୁକୁହୁ
ଆଗ ଥୋଇଦେବ ପୋଷେପୋଷେ ଖଇ ନଇଲେ ଖୁଦ
କୁଣିଆ ହେଉ କି ବଣିଆ ବାଢ଼ିଦେବ ପିଢ଼ା ପାଣି ଢାଳ
ଇଏତ ସେମିତି ବିଦେଶୀଲୋକ ରହୁରହୁ ରହିଗଲେ ବର୍ଷା ଚାରିମାସ
ନିଆଁ ପାଖରେ ଘିଅ, କିଏ ନ ଜଳିବ କହୁନ!

ଏଇଥିପାଇଁ ତ କେତେବେଳେ ଛାତିରୁ ଖସେଇ ଦେଇଛି ଲଳିତା ଲାଜ
ଗୋରୁପଲ ପରି ଅଢ଼େଇ ଦିଏ ବାତୁଳି ମନ, ପ୍ରେମର ରାଣ
ଏତେବେଳେ କେହି କଣ ପଚାରେ ମାଗୁଛି ନାଗର
ଛାତିଫୁଲ, ଓଠହସ, ମନ ମହକ ଦେବି କି ନାହିଁ କହଲୋ ମିତ!
ପଚାରି ହୁଏନି ବୋଲି ତ ଛାର ସୋରିଷ ମୁଠାକ କେମିତି ନ ଦେବ
ହେଇଟି ମ, ଏମିତି ପ୍ରେମ ପାଳିବା ବଡ଼ କଠିନ ଜାଣ।

ଏମିତି ଏ ପିଲା ଜଣକ ଅନେଇଲାନି ଆଗପଛ, ମନେମନେ ଚଉଦପାଆଡ
ଅଣହାତ କରିଛି କେବେଠୁ ଅମଳ ଠୁଳରୁ ସତ ସପନର
ସୋରିଷ ଗଣ୍ଡାକ, ବାପାଙ୍କ ବିଶ୍ୱାସ
ତେଣିକି ଘାଟରେ ମୁଦି ହଜିବ କି ପେଟରେ ବଢ଼ିବ ଗୋପନ ଭ୍ରୂଣ
ହେଜରେ ଏତକ ନଥାଏ ବୋଲି ଦେହ ଖେଳ ପାଇଁ କନକନ ତ
ଯା' ଆଉ କି ଅଟକେ! ଖସିଗଲା ଜାଣି କୁଆଁରୀ ପାଦ।

ଆଲୋ ଆଲୋ, ଓଲି ଉଲୁରି ଲଳିତା ଝିଅ ହୁଡ଼ିଲୁ ବାଟ ବାଗ-ବାଇଶ
ହେଇଟି, ଆଉ କି ରହିବ ନୀଳ କନ୍ଦରରେ ନୀଳମାଧବ
ସାତ ଜନମର ବାପାଙ୍କ ସୁଖ, ସାହି ପଡ଼ିଶାରେ ମୁରବିପଣ।

ସବୁ ଏଇ ସୋରିଷ ଫୁଲର ଗୁପୁତ ଗୁଣ, ବଢ଼ିଲା ଝିଅର ଅଣଆୟତ୍ତ
ଚଇତି ମନ, ଉଚ୍ଛନ ପ୍ରାଣ, ଭରା ଯଉବନ
କହନି, କରଛଡ଼ା କଲେ କି ଆଉ ବିଦ୍ୟା ବୁଦ୍ଧିର ବିବେକୀ ଲୋକ
ନାଇଁ ମ, ଇଏ ବ୍ୟାଧ ବଣିକ ଟାଉକା ଓଧ
ପ୍ରେମ କହିଲେ ଏମାନଙ୍କ ପାଇଁ ଆଇଁଷ ଗନ୍ଧ ଖଣ୍ଡିଏ ମାଛ।

କହ ବଉଳ, କିଏ ଭୋଗ କଲା ଦେଉଳ ଦିଅଁ ମଣିମା ଡାକ
ପଦ୍ମାବତୀର ପଦ୍ମଗନ୍ଧ, ଯୁଗ ପରେ ଯୁଗ ଯଶ ଅନେକ
ବିଚାରୀ ଲଳିତା ପାଇଲା କଅଣ! ଇଏ ରକ୍ଷିତା, ନାୟିକା
ନା ନବନୀତା, ପ୍ରଥମା ନା' ଅନ୍ତିମା କି ପରିଚୟ, କହୁନ!

ମିଳିଲା କି ଗୁଣ୍ଡେ ଡ଼ିହ, ଖଣ୍ଡେ ଘର, ଗଅଁଠେ ସୁଖ, ପ୍ରେମ ଅପ୍ରମିତ
ମିଳିଲା କି ପେଟ ପିଲାର ପିତୃଦତ୍ତ ପ୍ରମାଣପତ୍ର
ଜାତି ଗଲା ସିନା ପେଟ ପୁରିଲା କି ଜୀବନଯାକ
କପଟ ପୁରୁଷ ସହ କେମିତି ବିତିଲା ଯୁବା ବୟସ
କହ ବଡ଼ଦାଣ୍ଡ, ସ୍ୱର୍ଗଦ୍ୱାର, ସମୁଦ୍ର ଜଳ
କହ ନୀଳଚକ୍ର, ପତିତପାବନ ନେତ, ଚକାନୟନ କିଏ କହିବ!

ସବୁ ତ ଲାଗୁଛି ରଜା ଆୟତ୍ତ, ଭୟ ବହୁତ
ସୋରିଷ ଗଛର ଫଳ କେତେ ନ'କଲା ହେ ଦହଗଞ୍ଜ
ହାଟରେ ପକାଇ କେତେ ନ'ଦେଖିଲା ନାଟ, ଜାଣିଲ ତ !

ଗଲା ବୁଧବାରଠୁ ଆମ ବିଲ ଅରାକରେ ବୁଣା ସରିଛି ମଞ୍ଜି
ଆଗକୁ ପଉଷ, ଶୀତ ଶରସ
କୁହୁଡ଼ି କାକର ବାପାଙ୍କ ଝାଳ ବଢ଼େଇ କୁଢ଼େଇ ଗଛ କେରାକ
ସଜାଇଦେବ ଡାହିଡାଳ ପତ୍ରମେଳ, ଫୁଲ, ଫଳ
ଲାଗୁଥିବ ସତେ ହଳଦୀ ରଙ୍ଗର ଭାଉଜ ଗୋରୀ ସୋରିଷ କ୍ଷେତ
ବାସ ବାରି ଆସିବ ହୁଏତ ପୁଣି ପ୍ରାଣ ପଖଉରେ ଇଚ୍ଛାର
ଆଇଁଷ ଭରି କେଉଁ ବିଦ୍ୟାପତି, ପ୍ରବଳ ବିପତ୍ତି
କ୍ରେନ, ବୋଲଡୋଜର ଧରି ବାମନ ବୁଦ୍ଧିର କେଉଁ ପୁଞ୍ଜିପତି
ମାଗୁଥିବ ମୁଠାଏ ସୋରିଷ, ଭୂଇଁ ତିନି ପାଦ, ବାପାଙ୍କ ବିଶ୍ୱାସ
ଆହା ମୁଁ ଲବଙ୍ଗଲତା କରିବି କଅଣ, କହ ବଉଳ !

ହେଇ କାନାନି, ଅଗଣାରେ କାହାର ପାଦ ଶବ୍ଦ ବାଘର ନା
ବଉଳା ଗାଈର, ଭୋକିଲା ବ୍ୟାଧର ନା ମୃଗଶୀର
ଅନାନି, କାହାର ଛଇ ଛାଇ ଯାଏ ଛୁଇଁ ଘର ଢ଼ିହ ଖଳା କ୍ଷେତ
ଶଇଳ ଶିଖର, ଅରଣ୍ୟ ଅଞ୍ଚଳ, ନୀଳ କନ୍ଦର
କାହାର ନଜର ନିରଖୁଛି ନଈକୂଳେ ନଣନ୍ଦ ଟୋକିର ପାଣିଓଦା ଦେହ
ସ୍ୱାର୍ଥ ସର୍ତ୍ତ ନା ଅନର୍ଥ, କୃପା ନା କୃପଣ, ଦରଦ ନା ଦଲାଲ
କଣ ଖୋଜୁଛ ।

ହେଇ ମ, ଭାବୁଛ କି ସେ ହୁଣ୍ଡିଜାଡ଼ି ଲଳିତା ମୁଁ ! ନାଇଁନାଇଁ
ଲଳିତା ମୁଁ ଲବଙ୍ଗଲତା
ଆଧୁନିକ କବିଙ୍କର ନିଆଁ ନଈ ନହୁଲି କବିତା
ଯେତିକି ଭୋଗିଚ ଭୋଗେଇଚ ଦୁହିଁଚ ଦହିଚ ଆଉ ନୁହଁ, ଏଣିକି ରଗରଗ, ନିଆଁ
ଭୁଂଜିବ ତ ଅଂଗାର ହଗିବ ।

■

ଆଜି ସୁବ୍ରତ ସହିତ

ପଢ଼ିଚି ପଢ଼ିଥାଉ। ପୁରୁଣା ଦୁଃଖସୁଖର ଲୋଭନୀୟ ଜଂଜାଳ ଏତକ
ଧୂଳି ଧୂସର, ଏଠି କେହି ଗଢ଼ିଥିଲେ ସଂସାର ଅଢ଼େଇ ଦିନର
ହୁଏତ ଆଉ କେହି ଜାଣିବ ଅବଶ୍ୟ।

ଦେଖୁନ, ଭାଙ୍ଗିରୁଜି ଆସିଲାଣି ଆଦର ଆର୍ଦ୍ର କାଠିକୁଟାର ନୀଡ଼
ଖାଲିଖାଲି ଲାଗୁଚି ଡାଳ ପତ୍ର ଗହଳ
କିହୋ, କୁଆଡ଼େ ଗଲେ ପିତାମାତା ପକ୍ଷୀ ହଳକ
ଆଉ କଅଣ ଦେଖା ହଉଥିବ ପିଲାପିଲିଙ୍କ ସହ, କେଜାଣି
ଏବେ ବୁଝିଲ ତ, ଏଇ କେତେଦିନ ହେବ କାହିଁକି ଲାଗୁଥିଲି ମେଘମେଘ।

ବୁଢ଼ା ସନା ରଇତ, ରାମଲୀଳା ନାଚ ପେଣ୍ଡଲରେ ଲାଗୁଥିଲା ସିଏ
ସତେକି ରାବଣ, ଆଜି ହୀନୀମାନର ଥୁଣ୍ଟାଥୁଣ୍ଟା ବରଗଛ
ଜାଣିଚ, ପୁଅବୋହୂ ମଡ଼େଇ ଦେଲେନି ପାଖ, ଖତସାର ହୋଇ
ଏଇଠି ପଛେ ଫୁଲଫଳ ହେବ ଯିବନି ଭୁବନେଶ୍ୱର
କେବେ ନିଜକୁ ନିଂଦୁଚି ତ କେବେ କୋହରେ କହୁଚି ତ୍ରାହି ଅଚ୍ୟୁତ।

ଓଃ କାଳିଝିଅ! ଜମ୍ମା କହି ପାରିଲେନି ସିଏ ନୀଳପରୀ, ନହୁଲୀନଈ
ଭଂଜଙ୍କ ବୈଦେହୀ କି ଅକ୍ଷୟ ମହାନ୍ତିଙ୍କ ଯୌବନ ବେଳର
ଗୋଟେ ଚିଉଚୋରି ମହମହ ଗୀତ, ହ୍ୟାତ୍
ଜାଣିଲଣି, ଏବେ କୋଳରେ ତା'ର ଖେଳୁଚି ଗୋରୀଝିଅ
କୁନି ଅପସରୀ

ସେତକଇ ସୁଖମଣି ବିଚାରୀ ଭୁଲି ଯିବଣି କଳାଦେହର ଦୁଃଖ
କେଡ଼େ ତୁଛ ରକ୍ତ ହାଡ଼, ମାଂସର ମାୟା ବର୍ଣ୍ଣବୋଧ
ବୁଝିସାରି ବୁଝଉ ଥିବ, ମଣିଷ ଜନମ ଜମା ଅଢ଼େଇ ଦିନ।

କିଏ ଦେଇଥିଲା ସବାଆଗ ବିହନ ଗଣ୍ଡାକ, କେଜାଣି। ଫି ବରଷ
ବଢ଼ିବଢ଼ି ବୁକଉଚି ଥାନ ଅମାର ପରେ ଅମାର, ଏଇଥିପାଇଁ ତ
ଗହୀରବିଲରୁ ଭାସିଆସୁଥାଏ 'ରାମ ଯେ ଗଲେ ବନବାସ'
ଆଜି ଗୁରୁବାର, ଝୋଟିଚିତାରେ ଝଟକୁଚି ଘର, ଅଗଣାରୁ ଶୁଭୁଚି ଲକ୍ଷ୍ମୀପୁରାଣ
ସୁବ୍ରତ, ସବୁରି ସୁଖର କାରଣ ସେହି ବିହନ ଗଣ୍ଡାକ।

ମାଟି ଆଉ ମା'ର ଗୁଣ ଗର୍ଭଗୃହ କେତେ ବିରଳ ଅସୀମ ଜାଣିଲ ତ !

ଅନେଇଲ, ଅତଡ଼ାଖାଇ ଟିକେ ଘୁଞ୍ଚିଆସିଚି ଗଲା ଆଷାଢ଼ରୁ ବିଲ୍‌କୁଲ୍ ବେଅକଲୀ ନଈ
ଆଗଠୁ ଅଧିକ ସୁନ୍ଦର ଦିଶୁଚି ସୁନାସଂଜ, ସୋରିଷ କ୍ଷେତ
ପଉଷମାସ, ଆରକୂଳର କିଆଫୁଲ ହାଟ, ତୁଠରୁ ଉଠି ଆସୁଥିଲେ
ପାଣିଓଦା ନାଗରୀ, ନାଆ ଓ ନାଉରୀ କି ମନୋହର !

ହେଇତ, ଉଡ଼ିଗଲେ ଗେଣ୍ଡାଳିଆ ବଗପଲ ଝାଡ଼ିଦେଇ ପର
କେଉଁଠି ଅଛି ଏମାନଙ୍କ ଦିଅଁ, ଦେଉଳ, ଦେଶ, କହିଲ !
ଏମାନଙ୍କର କିଏ ନିଜର, ମୁଲ୍ଲା ନା ମହନ୍ତ, ଶୂଦ୍ର ନା ବ୍ରାହ୍ମଣ
ପାଦ୍ରି ନା ପୁରୋହିତ, ଆଗ ବୁଝେଇଲ
ଗାରେ ଗୋଧୂଳି ବିଭୋର କରିଚି ହୃଦୟ, ଦୟା ଦରଦର ବିଭାନରେ
ବସେଇଚି ବୁକୁରୁ ବିବେକ
ଅରେ ଅଂଧାର ଦେଇଚି ନିଦ, ସରୁଭାତ ପରି ମୁଠିଏ ସ୍ୱପ୍ନ
ଧାରେ ଆଲୁଅ ଦେଖେଇଚି ପାଦ ପାଇଁ ପଥ, ଚିହ୍ନେଇଚି ଜୀବନ କଅଣ
ଇଏତ ଏକ ଗାଁର ବାହୁ ବନ୍ଧନ ଉଦାରପଣ, ନୁହେଁ କି ସୁବ୍ରତ !

କେଜାଣି, କାଲିକି ଥିବ କି ନ'ଥିବ! ହୁଏତ ପୋତି ପକଉଥିବ
ଜରୁରୀ ଆଦେଶ।

ମୃଗୁଣୀସ୍ତୁତି, ଗଜରାଜ ଗୁହାରିଠୁ, ଏମିତି ଗୋଟେ ଗାଁର ସଜଳଗୀତ କେତେବେଡ଼
ବୁଝେ କି ସର୍କାର, ବୁଲଡୋଜର, ମାରାତ୍ମକ ମହର୍ଷିଗଣ
ଚକ୍ର ପେଷି ନକ୍ର ନାସୀ ବଂକା କରିପାରେ କି ଉପର ମହଲର
ଆସନ, ମୁଣ୍ଡବାଳ, ସ୍ୱାହାସ୍ୱାହା ସ୍ୱାକ୍ଷରର ଗୋଟେହେଲେ ଅକ୍ଷର
ଆହେ ନୀଳ ଶଇଳ......
ଶୁଣିଥିବ, ସତ୍ୟରକ୍ଷା କରି ବଉଳାକୁ ବନସ୍ତରୁ ଫେରେଇଚି ବାଘ
ଫେରି ତ ପାରିନି ମୁନିବଙ୍କ କଲମ ଦାଢ଼ରୁ କେତେକେତେ
ଗାଁ ଗହଳିର ଆହାଃ କି ସୁନ୍ଦରଦୃଶ୍ୟ, ଅଳି ଅଭିଯୋଗ କଇଁକଇଁ କାନ୍ଦ।

କବିତାରେ ଗାଁ ଗଢ଼ି ଖୁବ୍ ଶୁଣଉଚି ଭିକାରୀ ଧଳ, ଗୀତରେ ଗାଉଚି ବି
କରୁଣାକର, କିଛିକିଛି ଚିତ୍ର ଆଙ୍କିଚି ଏସ.ଭାଗୀରଥ। ଦେଖିବା ତ
ରମଣ ମରଣ, କୁହୁ ଆଉ ଉହୁର ସତୁସତ ଗୋଟେ ଗାଁର ଅକ୍ଷତ ଗଢ଼ଣ
ସଚିବ ନା ସୌଦାଗର, ଦେବୀ ନା' ଦେବର୍ଷି କେହିନା କେହି
ମାଟି ମୁଲକରେ ଛିଡ଼ା କରଉ ତ!

■

ଓଃ, ସାବରମତି

ଇଏ ଆଶ୍ରମ ନା ନିଆଁ ଫୁଲର ନମସ୍ୟ ଅଂଚଳ
କଥା ପଡ଼ିଲେ ଗପି ଯାଉଥିବେ ଅନର୍ଗଳ
ଅବସରପ୍ରାପ୍ତ ଇତିହାସ ଅଧ୍ୟାପକ ଶ୍ରୀ ରାମଶଙ୍କର।

କେମିତି ଥିବ ଅରଟ, ସ୍ମୃତିର ସଜ ସରଞ୍ଜାମ
ସବୁଠୁ ବଡ଼ ହିସାବୀ ସେହି ତିନିଗୋଟି ମାଙ୍କଡ଼
ଖୋଲିଲେଣି କି କାନ, ପାଟି, ନିବୁଜ ନୟନ
କିଛି ଖବର ଅଛି କହିବେ ତ !

ଆଜି ବି ଅଗଣାରେ କେଉଁଠି ନା କେଉଁଠି ପଡ଼ିଥିବ
ଧୂଳି ଧୂସର ଝରାପତ୍ର ପରି
ପରାଧୀନତାର ଡାହି, ଡାଳରୁ ବାଇ ଚଢ଼େଇଙ୍କ
ଲୁହ ଜଡ଼ସଡ଼ ବେଜାଏ ଗପସପ
ଅନ୍ତେବାସୀଙ୍କ ସ୍ୱପ୍ନ ସଜଡ଼ା ବିମୁକ୍ତ ଭାରତର
ରକ୍ତ ଓଦା କାଗଜ ଖଣ୍ଡିକ
ଅବଶ୍ୟ ଏ ଅଧମ ପ୍ରାଣଭରି ଛୁଇଁ ପାରିବ ତ !

ହଁ, ଏଇଠି କଥା ପଡ଼ିଥିବ କିଏ ପଶୁ କିଏ ପ୍ରଭୁ
କିଏ ମୁନି କିଏ ମୁନିବ
ତଥାପି ସବା ଉପରେ ନିଅଁ ପଡ଼ିଥିବ ଅକାତ କାତ
ମଣିଷ ଗଢ଼ିବାର ମନ୍ତ୍ର ମୁଠାକ
ଟିକେ ଛୁଇଁ ପାରନ୍ତା କି ବାଟବଣା ବିବେକ, ବିମୂଢ଼ମନ।

ଏଇଠୁ ବାହାରିଥିବ କେତେକେତେ ବୁଲାଣି ବାଙ୍କର
ନୂଆ ନୂଆ ପଥ ପାନିପଥ
ଲୁଣମରା ସୂତ୍ର, ଭାରତ ଛାଡ଼ର ସାଇଁସାଇଁ ଡାକ
ମୁକ୍ତିର ଗୀତ, ରଣ ଗଣିତ, ରକ୍ତ ଶପଥ
ଉଠାଣି ଗଡ଼ାଣିର ଲହୁ ଲୁହାଣ ଲୋଡ଼ିବା ପଣ
ଭେଦିଯାଇଥିବ ମାଟି, ମାନଚିତ୍ର, ମଣିଷ ପରେ ମଣିଷ।

ଏହା କଅଣ କ୍ରାନ୍ତିର ନିଆଁଫୁଲ ଗୋଟେ ପଣେ ଜଳୁଥିବା ମୁକ୍ତି ଅପେକ୍ଷାରେ
ଗୋଟେ କଏଦୀ ଜାତିର, କହୁ ନାହାନ୍ତି ଆପଣ!

ଆପଣ ତ ବରାବର ଚୁପ୍ ଅଭିଯୋଗହୀନ କେରେ ଘାସ
ତିନି ମାଙ୍କଡ଼ ପରି ଆଖି, କାନ, ପାଟି ବନ୍ଦରଖି
କହୁଥିବେ ଏହା ଆଦର୍ଶ
ଏଥିରେ କଅଣ ଚଳେଇ ହେବ ଘର ନା ଦେଶ
ନାଇଁ ନାଇଁ, ଆପଣଙ୍କୁ ନେଇ ଅବିକା ଯୁଗରେ
ଘଟ, ଘାଟ, ଘଟଣା ପାରିହେବା ବଡ଼ କଠିନ ଜାଣ।

ଅନେଇବେ ତ, ମହୁ ମଞ୍ଚରେ କିଏ ଅଜାଡୁଛି
ଆପଣଙ୍କ ମେଲା ମୁକୁଳା ଜୀବନ ବହିର ମହମହ
ଦରଦୀ ଦର୍ଶନ!

ଆରେ ଆରେ, ଇଏ ସେଇଲୋକ ଯିଏ ଗଲା କାଲିଯାଏ
ଭଣଭଣ ଗନ୍ଧ, ଆଜି ଅଜାଡୁଛି ଗାନ୍ଧୀଗିରି
ହମହମ, ଫୁଟାଣି ଫୁଟ୍‌କି ଫୁ ପବନ
ଅତର ପରି ମୋହି ନେଉଛି ଜନ ଗଣ ମନ
ବ୍ଲକ ପଡ଼ିଆରେ ଫୁଟଉଚି କ୍ରାନ୍ତିର ନାରେନାରେ ନିଆଁଫୁଲ
ମିଛର ନିଅଁ ଉପରେ ଅଜାଡୁଛି ସ୍ୱରାଜ୍ୟ ସ୍ୱରୂପ
ଅବି ଢଶା ଦଶରେ ଖୁବ୍ ଗରମ ଅଛି ଦେଶ
ଭାରତ ବନ୍ଦ, ଏବେ କଅଣ ଯାଇହେବ ସାବରମତି
କହୁ ନାହାନ୍ତି ଆପଣ!

କବି ହବାର ଅଛି ତ !

କୂଳ ଲଂଘି ମହି ମଂଡ଼ଳରେ ପିଟି ହଉଚି ସମୁଦ୍ର, ପବନ ବହୁଚି ଅଣଚାଶ
ମୀନ ମାନବ କଲବଲ, ବେଳୁବେଳ ଘଂଚ ହେଲାଣି ଆରତବନ
ଯାଏ ଡାକିଦିଏ, ଅଇଲ ହେ ନୀଳଶଇଳ... ଡମର ଫୁଟୁ ପଛେ
ଆଉ କା'ଲୁହ ପୋଖରୀରେ ପ୍ରଭୁପଣ
କବି ହେବାର ଅଛି, ପଦଫାନ୍ଦି ଲେଖି ପକାଏ ଆଗ ଯୋଡ଼େଅଧେ
ଯୋରସ୍ତ ଜଣାଣ, ନାଇଁତ ଗାଧୋଇ ଆସିବା ଆଗରୁ ଆସୁ ନ'ଥିବା
ପଦ ଲେଖି ଥୋଇ ଦେଇଥିବ ଆପଣ ।

କିହୋ, କବିତା କୋଉ ହୋଇ ପାରୁଛି କି ଧାନଗଛ ପାଇଁ ଅସରାଏ
ମେଘ ନା ଭୋକ ପାଇଁ ବକ୍ତେଭାତ ଟିପେଲୁଣ ଖଣ୍ଡେ ପିଆଜ
ଚିହ୍ନେଇଲା କି ଇଏ ସେଇଲୋକ ଉପରଟା କିଆଫୁଲ ଅତର
ଭିତରଟା ଅରଣା, ଅସନା, ଆଇଁଷ
ସାଧୁ ନୁହଁ ସଇତାନ ଧୁମ୍‌ପିଟ୍ ହାଡ଼ଭାଙ୍ଗ ରକ୍ତକାଢ଼ ନୋହିଲେ ମର
ସରିତାର ଅଭିଯୋଗ କେତେ ହଉଚି କବିତାରୁ ଅର୍ଜନ, ଆଉ ମାତନି
ସରିନି ଏ ଯାଏ ମୁମ୍ବାଇ ଘର, ଆଗକୁ ବଢ଼ ସୁଖ ଆଣ ।

ସୁବ୍ରତ, ସିଏ କିଛି ବୁଝୁନି ମ ! କେବେଠୁ ଲଗେଇଚି ଗୋଟେ
ଲୋଭ ଲାଳସାର ସ୍ୱପ୍ନଗଛ, ଫୁଟିବ ଯଶଫୁଲ
ଅବଶ୍ୟ ମରିବା ପରେ ବଂଚି ହବ ତ !
ହଁ କହିବ ତ, କେମିତି ଅଛି ସାମ୍ବାଦିକ ଆଦିତେଶ୍ୱର !
ଖବର ପରେ ଖବର ଛାପି ଚା'କପ୍‌ରେ ଉଠଉଥିବ ଝଡ଼
ଅକାଳରେ ଝଡ଼ିପଡ଼ିଚି କପାଫୁଲ, ଉଜୁଡ଼ିଚି ହଳଦୀ ଚାଷ ଗୋରୀହସ, ସ୍ୱପ୍ନ-ସହବାସ ।

ଋଣ ଭାରାରେ ଜୀବନ ସାରିଚି କାହ୍ନୁ କହଁର
ପଇତା ପଡ଼ାରେ ସାଇକେଲ ଚଳେଇଚି ତ ମକ୍ରା ମୋଚିର ମେଟ୍ରିକ୍ ଝିଅ
ରାସ୍ତା ସଉଚ ପାଇଁ ବାପ ଗଣିଚି ପାଅଁଶ, ମାଟିରେ ମଡେଇଚି ନାକ
ଡାଆଣୀ ସନ୍ଦେହରେ ତଡା ଖାଇଚି ଲକ୍ଷ୍ମୀ ଡିଗାଲ, ଯିବା ଦିନ -
ଲଙ୍ଗଳା କରେଇଚି ଗାଁ ନିଶାପ
ହାରାମୀ ସ୍ୱାମୀ ଦିନ୍ ନିଶାଚୁର୍ ଖେଳୁଚି କୁକୁଡ଼ା ଖେଳ
ଅଦାଲତରେ ଅଟକିଚି କୋରଡ଼ାଗଡ଼ ଦିଅଁ ଦର୍ଶନର ଛୁଆଁଛୁତ
ଆଣ୍ଟୁଏ ବିବାଦ, ରଥଯାତରେ ବିଜେ ହୋଇପାରିଲେନି ଶ୍ରୀଜଗନ୍ନାଥ
ସଦ୍‌ଭାବନା ସଭାରୁ ଫେରିନି କଲ୍ୟାଣୀ, ନଈବନ୍ଧରୁ ଚିରାଫ୍ରକ ଚିହ୍ନଟ କରି
ମା' କହୁଚି ଇଏ ମୋ ଝିଅର ଖୋଜିଆଣ
ଦେବୀଙ୍କ ମଥାରେ ସିନ୍ଦୂର ନା' ରକ୍ତ, ଚାଲିଚି ପୁଲିସ୍ ତଦନ୍ତ....।

ହ୍ୟାତ୍, ଖବରକାଗଜର ଖାଦ୍ୟ କୋଉ କବିତା ହବ କହୁନ ସୁବ୍ରତ !
ହେଲେ ବି କୋଉ ଜମେଇବ ମଂଜି ମଂଜ ମଗଜ
ଚିରାଫଟା ପଲିଥିନ୍ ଭଳି ଫିଙ୍ଗି ଦବାର ଅଛି, ହଁ
ବୋହି ନବନିକି ଜରି ଗୋଟାଉଥିବା ଝିଅ, କେତେ ବା' ଓଜନ !
ଅବଶ୍ୟ ଇଏ ଦେଶର ଦୁଃଖ। ଛାଡ଼ ହୋ, ବୁଝିବ ସର୍କାର।

ଫିଙ୍ଗିଦେଇନି କି ଟେବୁଲ ଉପରୁ ଭିକାରୀ ଧଳ କରୁଣ କନ୍ଧମାଳ ରକ୍ତଓଦା କଳିଙ୍ଗନଗର,
କଟା ପାପୁଲିର କଇଁକଇଁ କାନ୍ଦ
ଗୁଳିବିଦ୍ଧ କଲିଜାର କୋହ ରଜନୀ ମାଝୀ, ମକୁ ବିଶୋଇର
ଯାଇଦେଖ ଥୋଇ ଦେଇଚି ଚକା ନୟନ, ଚକାଜହ୍ନ, ରାଧାକୃଷ୍ଣ କେଳିକୁଞ୍ଜ
ମଲ୍ଲୀମାଳ ଶ୍ୟାମକୁ ଦେବି ମନତୋଷିବି, ଥେଇଥେଇ ଗୀତବହି
କ୍ୟାସେଟ୍ ହେବ।

ଓଃ ନରେନ୍ଦ୍ର ! ଗାଁରେ ରହୁଚି ତ, କବିତାରେ ବଖାଣିଚି ଚାଷୀଙ୍କ
ଦୁଃଖ ଦି'ପହର
ଶୁକ, ସନେଇ, ସନା ରଇତ ଓଗେର ଭୁଲି ଗଲେଣି ଯବନକବିଙ୍କ
ଯୋଡ଼ହସ୍ତେ ଜଣାଣ, ଜାଣିଗଲେଣି ଚକ୍ର, ଗଦାଠୁ ଆହୁରି ଦାଢ଼

ସାହବଂକ କ୍ଷମତାଖୁର, ମୁହଁତୋଡ଼
ଅବି ଜଗତୀ କରଣ ଯୁଗ, ଲୋକାଲ୍ ପ୍ରଭୁ କହିଲେ କେବେ ବଂଗାଲୀ
ବିହାରୀ, ରାଜସ୍ଥାନୀ ତ କେବେ ପ୍ରମୋଟୀ ଜିଲ୍ଲାପାଳ
କ୍ଷୀର ଲବଣୀରେ ଭସେଇଦେବ ଅଂଚଳ, ଚାନ୍ଦିନିଚୌକ ଚାନ୍ଦିମେଢ଼ ପରି ସଜେଇଦେବ
ଅରକ୍ଷ କପାଳ, ଆଗ ଜମିଛାଡ଼
ଏ'ଠି ଶିଳ୍ପ ବସିବ।

'ଚାଷ ଅଛି ଯାହାର କି ଆନନ୍ଦ ତାହାର', କିଏ ଲେଖିଲା ଏ ଗୀତ
ଟୋଲାଲ ବେକାର, ଅଫଳନ୍ତି ଗଛ, ପିଲାଙ୍କ ପାଠ।

କେବେ ବାଂଝ ବିହନ ତ କେବେ ସାର ନିଅଣ୍ଟ, ଆଷାଢ଼ରେ ମେଘନାହିଁ ତ ଶୁଖିଫାଟି
ଗଡୁଥିବ କେନାଲ
କେବେ ଅଭାବୀଧାନ ବିକ୍ରି ତ କେବେ ମୂଳକୁ ବଳଉଥିବ ସାହୁକାର ସୁଧ
ଥବଥବ ତ ଜମି ଉପରେ ପଡୁଥିବ କମ୍ପାନୀ ଲୋକର ଅଜଗରୀ ଲୋଭ
କହିବେ ତ, ଲୁହଲହୁ ବଦଳରେ କେତେ ଆନନ୍ଦ ଅମଳ ହୁଏ ଫି ବର୍ଷ ଆଜ୍ଞା ଅଗ୍ରଜ!

ଏତେଏତେ ଦୁଃଖଦ ଘଟଣା କବିତାରେ ଘଟ କରି ରୋପିଲେ କି
କବିଏ ମହାମାନ୍ୟଗଣ
କହିଲେ କି ଆହାପଦ, ପ୍ରଶ୍ନ ଉଠେଇଚି ନରେନ୍ଦ୍ର।

ହ୍ୟାତ୍, କ୍ଷଣକୁ ଭାଗବତ। ନ' ଲେଖା ହେଲା ତ କୋଉ ଅପୂରଣ ହଉଚିକି
କୁଡ଼କୁଡ଼ କବିତାର ଓଡ଼ିଆ ଅମାର, ନାଇଁ ତ -
କୋଉ ହାତଛଡ଼ା ହଉଚି କି ସାରଳା, ସରସ୍ୱତୀ, ପଦ୍ମଶ୍ରୀ ଓଗେର
କିସମ କିସମ ପୁରସ୍କାର। ବଢ଼, ଆଗକୁ ଆହୁରି ବଢ଼ ବଢ଼
ହୋ' ସୁବ୍ରତ, ଆମର କବି ହବାର ଅଛି ତ...!

ଢିଙ୍କିଆ ଚାରିଦେଶ

ଭଲିଗଲ କି ପଧାନ ! ଆଜିକାଲି ବାଟଘାଟ ଖାଲଖମା ଅସ୍କରା ଅରୂପ
ବଦଳିବା ସେତେ ବଡ଼ କଥା ନୁହଁ
ପ୍ରଧାନମନ୍ତ୍ରୀ ଗ୍ରାମ୍ୟ ସଡକ ଯୋଜନାରେ ରାତାରାତି ଘେନୁଚି
ନୂତନ ଗଢ଼ଣ, ବେଲାଳସେନ ପରି ଛିଡ଼ା ହୋଇଛି ଗୋଟେ ନାମଫଳକ
ପଢୁନା, ଲେଖା ଅଛି ଉଦୟ ଭାରତ । ଭାଗ୍ୟ ଭାଗ୍ୟ !

ଏଇଠୁ ଯିବାପାଇଁ ପଡ଼େ ହାଟ ବଜାର, ବନ୍ଧୁଘର, ଦିଲ୍ଲୀ କି ଦୁବାଇ
ଚେନ୍ନାଇ କି ଚୀନ୍, ଯିଏ ଯେତେ ବଡ଼ହେଉ କି ଛୋଟ
କୁଲି କି କଲେକ୍ଟର କେହି କ'ଣ ଭୁଲିପାରେ ନିଜ ଗାଁ ବାଟ !

ଲେଉଟ ବେଳକୁ କେତେ ହେବ ଦୂର ! ଗୋଟେ ଦି'ଟା ତାଳଗଛ
ଛାଇ ସହ ଥିବ ଯଦି ବନଗିରି ଲତାଗିରି ପଦୁଟିଏ ଗୀତ
ତେଣିକି ଜଣା ପଡ଼ିବନି ପାଦ କଷ୍ଟ, ବାଟ ବୋଲି ଜମ୍ମା ପାଞ୍ଚକୋଶ
ସଅଳ ସଅଳ ସଇଲାକ୍ଷଣି ନାକ ଅଗରେ ଥିବ ତାଳ ନଡ଼ିଆ ଗୁଆ -
ଗହଳର ଆ' ମୋତେ ଛୁଁ କଅଁଳ କଅଁଳ ଲୁଚକାଳି ଦୃଶ୍ୟ
ଏଣେ ହେଉଥିବ ଛଟପଟ ଆଖି ହଳକ ଛୁଇଁବାକୁ ଆଗ
ବାପ ଅଜା ଅଣ ଅଜାଙ୍କ ଅସ୍ଥି ହାଡ଼ ଖପୁରି ଖତରେ ପୁରଷ୍ଟ
ଢିଙ୍କିଆ ଚାରିଦେଶ ।

ପଢିଥିବ ତ ସମ୍ବାଦପତ୍ର ! କେହିକେହି କହିଲେଣି ଖାତାଖତିଆନ ଛାଡ଼ି ପୋଷ୍କ ଅଞ୍ଚଳ
ଦିନ କେତୁଟାରେ ଶହଶହ ସାଲ-ସାବକର ସ୍ୱାଭିମାନ

ନଥିପୋଥି ନକ୍ସାର ଚିହ୍ନଟ ନାଁ ଗାଁ ରକ୍ତର କିସମ
କେଡ଼େ ଛଳ ଛଟକରେ ବଦଳିଯାଏ, ଦେଖିଲ ତ !
ହଇଓ ପଧାନ ! ଆମେ କି ଭୁଲିପାରୁ ମାଟି ପାଣି ପବନର
ଛୁଆଁଛୁଇଁ ଖେଳଭୂଇଁ ହେଉପଛେ ଭାଇ ଭଗାରୀର
ଆଖି ଅକ୍ଷରରୁ ପୋଛି କି ପାରୁ କାହାଣ କାହାଣ ପାନ
ମହଣ ମହଣ ମୀନ, ଭରଣ ଭରଣ ଧାନର ଢିଙ୍କିଆ ଚାରିଦେଶ
ଆମ ମାନ ମହତର ।

ଝଡ଼ି ବଢ଼ି ମରୁଡ଼ିରେ ହାରିହୁରି ପୁଣି ମଥା ଟେକେ ଲୁଣିମାରା
ପାଣିମରା ମାଟି ମଗଜରୁ ବାଉଁଶର ଗଜା ପରି ଗୋଟେ ଗୋଟେ
ଗାଁର ଗଉଁ ପୁଣି ବଇଁଶୀର ବାଜଣାରେ ଆକାଶର ଅଧେ ଛୁଏଁ
ଏତେବେଳେ ନୁଖୁରା ପିଠିରେ ଆମର ପଡ଼ିବାକୁ ଆହାପଦେ
କହିଥିଲା କିଏ ! କିଏ ବୁହାଇଛି ବର୍ଷକ ବାରମାସ ସିଆର ସିଆର
ଲୁହ ଲହୁ ଝାଳ, ଆମ ଛଡା କେହି କୋହ କୁହୁ ଉହୁ ଭରି
ଗଢ଼ିଛି କି ଗାଁ ସର୍କାର ନା ଈଶ୍ୱର ।

ହଇଓ ପଧାନ ! କେହି ପଚାରିଛି କେବେ କେଉଁଦିନ ଏ ସନ କେମିତି
ଉଧେଇଛି ସାରଦ ଫସଲ, କେତେ ଅମଳ ହେଲା ମାଣ୍ଡିଆ, ମୁଗ
ଖସା ତେଲରୁ ଉଠିଲାତ ପିଲାଙ୍କ ପାଠପଢ଼ା ଖର୍ଚ୍ଚ
ଛପର ହୋଇଛି କି ନାଇଁ ଘର, କପିଳା କୋଟଣା ଦେଇଛି ତ ଛଣ
ସୁଧମୂଳ ମିଶି କେତେ ହେଲା କୃଷିଋଣ
ଓରାରେ ଓହଳିଛି ତ ଜୋତ ଜୁଆଳି ଲଙ୍ଗଳ ମହି
ଟିକେ ହେଳା କଲେ ଚରିଯିବ ଉଈ
ମାଛଘେରି ପାନ ବରଜର ଖବର କଅଣ, ଝିଅ ବାହାଘର ପାଇଁ
ବିକିବାର ଥିଲା ବିକିଲ କି ବିଲ ପାଞ୍ଚମାଣ
ବାଧିକାରୁ ଉଠିଲାଣି କି ସାତ ଜନମର ସାଥୀ ଗଉରୀ ତମର ।

କିହୋ ! କେବେ କେଉଁ କୃଷିମନ୍ତ୍ରୀ, ଶାସନ ସଚିବ, କମ୍ପାନୀ ମାଲିକ
ଆମ ଦୁଃଖ ଦରିଆ ପାଇଁ ହେଲେ କି ଦରଦ

କି ବିଶ୍ୱାସ କହୁନା ପଧାନ! ଏମାନଙ୍କ ଓଠସାରା ଯେତେ ଫାଲ୍ତୁପଣ
ଫୁଟାଣି ଓ ଫଗୁଣର ମହମହ ବାସ
ଛାତି ସାରା ଶହେଗୁଣ ଗହଗହ ବିଷ ଓ ବାରୁଦ, ବିପଦ ବିପଦ!

ଯଦି କଥା ଏୟା, ଆମ ପରି ଖଗାମଗା ଅଭାଗା ଜୀବନରେ ଲାଗିବକି
ଯିଏ ଚକ୍ରପେଶି ନକ୍ରନାଶି ଉଦ୍ଧାରିଲେ ଗଜ, ବ୍ୟାଧ କବଳରୁ ମୃଗ
ଯାହାଙ୍କ ପାଦବାଜି ପାଶାଣୀ ଅହଲ୍ୟା ପାଇଲା ହୋ ଜୀବନ୍ୟାସ
ଯିଏ କାଣି ଅଙ୍ଗୁଠିରେ ଟେକି ଧରିଥିଲେ ସାତରାତି ସାତଦିନ ଗିରି ଗୋବର୍ଦ୍ଧନ
ଗୋଟେ ନାରୀ ପାଇଁ ଯିଏ ଗଲେ କଳାଧଳା ଘୋଡ଼ାଚଢ଼ି କାଞ୍ଚି ଅଭିଯାନ

କେଉଁ ବାଘଛୁଆ ଚୁଚୁମିଲା କୁଣ୍ଡିଥନ, ପୂଣ୍ୟ ପୂଣ୍ୟ!
ଯୀଶୁଙ୍କ ଫଟୋରୁ ଝରୁଛି ଲୁହ, ଗଣେଶ ପିଇଲେ କ୍ଷୀର, ଧର୍ମ ଧର୍ମ!
ଶିଖର ସମ୍ମେଳନରେ ମନମୋହନ ମୁସରଫ ମିଳେଇଲେ ହାତ, ବନ୍ଧୁଗଣ!
ଏଣେ ଯଦି ତେଲଲୁଣ ସଂସାର ଉପରେ ମହାମାନ୍ୟଙ୍କର ପଡ଼ିଲାଣି
ଶ୍ୱାନ ଶାଗୁଣା ନଜର, ତେବେ ଆଦେଶ ଆଦର୍ଶ ଉପଦେଶ
କେମିତି ଛୁଇଁବ ଆମ ଛାତିତଳ, କହୁନ!

ହେଜ ଧରୁଛି ତ ପଧାନ! ଦରଫୁଟା ମାଟିହାଣ୍ଡିପରି ଆଜନ୍ମ କପାଳ
ବିଧି ବ୍ୟାଧି ଏକାକଥା ବୋଲି ଆମ ପାଇଁ ଗାଁ ଯାହା ମାଆ ତାହା
ଗାଁ ତ କାଳକାଳ ପାଇଁ ବ୍ୟାକୁଳ ବୁକୁତଳ ଛଳଛଳ ଗୀତ
ଗୁଣୁଗୁଣୁ ହେଉଥାଏ ଶୀତ ଥାଉ କି ବସନ୍ତ
ଏଇତକ ଆଶ୍ରା ବୋଲି ରମଣ ମରଣ ବେଳ ଅବେଳ ଆମପାଇଁ
ଉଭୟ ସମାନ, ନୁହେଁ କି ପଧାନ!
ଏବେ କାନ ଡେରିବତ, ଏତେବେଳେ କାହାର ଏ ତରତର ଡାକ
ନସର ପସର, କେବେ ପୁଣି ତମତମ ଧାରୁଆ ଧମକ ଗାଁ ଛାଡ଼
ହେଜିବତ, କାହାର ଉଚ୍ଚାଟ ଡାକ ପୁଣି ଚଦ ମରକଟ
ଦଇବ ନା ଦାରୀ, ଦୟା ନା ଦାଦାଗିରି, ଅସ୍ତ ନା ଉଦୟର
ବିକାଶ ନା ବିନାଶର!

ଆମର ସାଧ୍ୟ ସାଧନା କାହିଁ ହଇଓ ପଧାନ ! କେମିତି ବୁଝିବୁ
କାହା ଡାକ ମାୟା ମାରୀଚର କାହାଡାକ ସଲା ସୁତୁରାର, ଆଇଁଷ କି
ଅତର ଗନ୍ଧର, କେମିତି ଜାଣିବୁ କାହା ଡାକ ବର୍ଷା କି ବୈଶାଖର
କେମିତି ପରଖିବୁ କାହା ଡାକ ମହର୍ଷି କି ମାତାଲର, ଭଉଁରୀ କି ଭଅଁରର
କେବଳ ଗୋଟେ ଡାକ ବାରି ହୋଇପଡ଼େ ଛାତି ଫାଡ଼େ
ମାଟି ଓ ମାଆର ।

■

ଟିପଚିହ୍ନ

ଦରଫଟା ମାଟିହାଣ୍ଡି ପରି ଆମ ଜୀବଦ୍ଦଶାର ଏଇତକ ସାହସ
ସାତ ପୁରୁଷର ସନମତ, କେହି କେହି କହିପାର ଉଚ୍ଚଲୋକ
ଏହା କୁକୁଡ଼ା ଲଢ଼େଇର ଅମାନତ ।

ହେଲା ଯେ, ଏହାର ଯେତେ ମହତ ସେତେ ନାହିଁ
ଚାନ୍ଦିନୀ ରାତି ଚନ୍ଦନ ବନର
ମାଧୁରୀ ଦୀକ୍ଷିତ କି ମଦିରା ପାତ୍ରର
ହଁ ହେ'-ଧୀରେ ଧୀରେ ଜାଣି ଗଲିଣି ଯେମିତି କଣାମାଛ ଜାଣେ
ଶୁଖି ଆସୁଥିବା ନଈରୁ ପାଣି ବୈଶାଖ ମୁହାଣି
ଯେମିତି ଅମଳ ବେଳକୁ ମହାଜନ ସୁଧସୁଧ କହି
ଖଳାରୁ ଧାନ, ମାଣ୍ଡିଆ ଗଣେ ଗଉଣିଏ ନିଏ ଦି' ଗଉଣି
ସେମିତି ଜାଣି ଗଲିଣି ଟିପଚିହ୍ନର ଆତ୍ମକାହାଣୀ ।

ସେଦିନ ଜାଣିଲି, ସାନି ତଦନ୍ତର ଦି'ଓଳି ଯାଇଛି କି ନାହିଁ
ଅନାହାରରେ ମରିନାହିଁ ସଉରା ଦାଦି
ଘୋଷଣା କଲେ ଶାସନ ସଚିବ
ଇଟାଭାଟି ତୁଚ୍ଛ କରି ଚାଲିଆସିଲି ଯେଉଁଦିନ
ଆସିଲାବେଳେ ଦେଖିଛି ମାଲିକ ମୁହଁର ଓଦାବେଶ
ଯେମିତି ମେଘ ବଉଳା ପାଗ ବହଳ ଉଦାସ ।

ଯେଉଁଦିନ ଗଲି ପଥର ଭାଙ୍ଗିବି ଖାଦାନ, ଦେଖିଲି
ମଲ୍ଲୀ କି ଟଗରପରି ଟହଟହ ଠିକାଦାର ଓଠରେ

ଓଠେ ହସ, ସେଇଠୁ ଜାଣିଲି ଟିପଚିହ୍ନର କେତେ ବଳ
କେତେ ଆୟୁଷ।

ସେଇ ବଳରେ ତ ବଂଧା ଦେଇଛି ଧାନକ୍ଷେତ ଦି' ଗୁଣ୍ଠ
ଫଳ ପକେଇବ ବୋଲି ମେଁ ମେଁ ଛେଳି
ସେଇ ଏକା ବଳରେ ବିକିଦେଲି ଦୁଧ ରକଟୁଥିବା ପେଟଛୁଆ
ମକର ଯାତରେ ଗଲାସନ, ସେଇ ବଳରେ ତ ସାହୁକାର
ଟିପା ଖାତାରେ ଗଡ଼େଇ ଚାଲିଛି ମୂଳ ଗଣ୍ଡାକ ଫି' ବରଷ।

ଏ ହାତର ଟିପଚିହ୍ନ ସେ' ହାତରେ ଦେଖ ଛିଡ଼ା ହୋଇଛି
ପ୍ରମାଣେ ବହଳ ସବୁ ହଁ' କୁ ନାହିଁ କରିଦେବାର
ଗୋଟେ ମହାବଳ।

ଆମ୍ବ ଟାକୁଆ ଯାଉଖାଇ ମରିଛି ଦାଦି, ହଁ। ମେଲେରିଆରେ
ମରିଛି ବୋଉ, ହଁ। ପିଲା ବିକିଛି କି ଶୁକ୍ରଯାନୀ, ହଁ।
ଘର ଟୋକିର ଉଧାମେଲା କଳା ଦିହର ଫଟୋ ଉଠେଇଚି
ବିଦେଶୀ ନୋକ, ହଁ-ହଁ
ହଇଓ ବାବୁ! ତମ ଖାତାରେ କେମିତି ନାଇଁ କରିଦିଏ
ଆମ ମାନ ମହତର ହଜାରେ ହଁ ର ଟିପ ଚିହ୍ନ
ଧୀରେ ଧୀରେ ଜାଣି ଗଲିଣି, ଏଥର ତମେ ଖାଲି ଜାଣ।

ଏଇ ହାତରେ ମାରିଚି ହେଟା, ହରିଣ, ସମ୍ବର, ବାଘ, ଶିଆଳ
କାହିଁରେ କେତେ
ଗୁଣିଆ କହିଲା ଥରେ ଦି ଥର ଶାଶୁ ଡାଆଣୀ, ପର ପୁରୁଷରେ
ମନ ବଳେଇଲା ମାଈକିନିଆ
ଦିହିଙ୍କ କଲି ଦି'ଗର ଠିଆଠିଆ ମାନି ନେଲି ହଁ କଲି ହଁ
ଟିପଚିହ୍ନ ଏଇ ହାତର ଏଇ ହାତ ଯାଇତାଇ ନୁହଁ
ନୁହେଁ ଖାଲି ବଧ୍ୟଭୂଇଁର, ହୋଇପାରେ ଯୁଦ୍ଧଭୂଇଁର, ଏଣିକି ଭଲକରି ଜାଣ।

ବର୍ଷା ଜଣାଣ

ବର୍ଷା ହଉନି ତ, କ୍ଷେତସାରା ବୁଲାଇଆଣ ଅକ୍ଷତ ଅସବର୍ଣ୍ଣା ଝିଅ
ବସ୍ତ୍ର ବିହୀନ, ଇଏ ଶାସ୍ତ୍ର ସମ୍ମତ। ବର୍ଷା ହେବ।

ହଁ ଆଜ୍ଞା, କେମିତି ବୁଝିବ ମୂଢ଼ମନ। ଆମର ଜୀବନ କହିଲେ
କେରେ ଘାସ, ଆଜି ଗଜୁରେ ତ
କାଲିକି ନାଶ
ଆମେ କି ଜାଣୁ ଅକ୍ଷର ସ୍ୱାକ୍ଷର ସ୍ୱାହାସ୍ୱାହା ଶାସ୍ତ୍ର ସିଆଣ
ଇଏତ ଆପଣଙ୍କ ଆୟତ୍ତ, ପିତୃଦତ୍ତ।

ହୋ ମହନ୍ତ, ଗାଁ ବୁଲିଲାଣି କି ବାଜଣା ଘଣ୍ଟ। କେବେଠୁ ତ
ଭାଜି ପଡ଼ିଛି ଦୋଳ ମଣ୍ଡପ, ଏ ସନ ସଭା କେଉଁଠି ବସିବ
ଆମ ଝିଅ ଆଡ଼େ ଗୁରୁ ଗୋସେଇଁଙ୍କ ନଜର ନାହିଁ ତ
କେତେ ପୋଡ଼ା ହେବ ଯଜ୍ଞ ପାଇଁ ଘିଅ, କିଏ ଆସିବ
ବ୍ରାହ୍ମଣ ଶ୍ରେଷ୍ଠ, ଏଥର କେଉଁ ଧାମରୁ ଆମନ୍ତ୍ରିତ ହେଉଛନ୍ତି
କେଉଁ ଶଙ୍କରାଚାର୍ଯ୍ୟ।

ହେଇଟି, ଏଥର ସଭା ସୁରୁଖରେ ଶେଷ ହେବ ତ!
ଗୋଲଙ୍ଗା ହେବ ଇ ହେବ

ଭାଙ୍ଗ ପି' ଶାସନା ପୂଜକ ମୂତରେ ଭିଜେଇ ଦେଇଛି ଶିବଲିଙ୍ଗ
ପୋଖରୀ ଗୋଟାକ ମାରା କରିଛି ବେନୁ ବାଉରୀର ଝାବଡ଼ ପୁଅ
ମନ୍ଦିର ବେଢ଼ାରେ ଧସେଇ ପଶିଛି ବାଜା ବଜାଳି ବରଜୁ ଡମ
ଦୁଧ ଘିଅ ମହୁରେ ମୁହଁ ଲଗେଇଛି ରଘୁ ଅଛପ
ଛକରେ ଦେଖେଇଛି ମୁହଁତୋଡ଼, ପଢ଼ିବ ଗୀତ ଗୋବିନ୍ଦ
ଲଗାଇବ ଅଦା ଅଁଳା ନଡ଼ିଆଗଛ, ମାରିବ ମାଙ୍କଡ଼
କେ' ଅଣ୍ଡିରା ଅଛି ଦୋଷ ଲଗେଇବ ଦେଖିବା ତ !

ସଂସାର ହୋଇଲା ଗୋଳ ଭଣିଲା ହାଡ଼ି ଦାସ, ଇଏ କଳିକାଳ !

ହୋ ପଣ୍ଡିତ ! ଆଜିକାଲି ଚଲୁଛିନା ବଙ୍ଗଳାଶ୍ରୀ, ରାଗତୋଡ଼ି
ରାଗ ରୁଦ୍ରାକ୍ଷରୀ ଛାନ୍ଦ ଚଉପଦୀ
ସିନେମା ସିନେରୀ ସାୟରୀ ସୁଖ, ସଁପା ସୁପାରୀ ଦୋ'କ୍ଷରୀ କୋପ
ଦୋହଲଉଛି ଦେଶ ମଗଜ, ପୁଲିସି ମଞ୍ଚ, ଖବର କାଗଜ
ଗାଁ ଦୋକାନରେ ବିଅର ବ୍ରୟଲର ଆଲବମ୍ ଗୀତ
ମାତାଲ ମିତାଲୀଙ୍କ ମେଳିରେ ଉଠୁଛି ପଡୁଛି ଇସ୍କୁଲ ଛକ
ଆଜି ମେଲୋଡ଼ି ହେବ
ମଞ୍ଚରେ ନାଚିବ ମହନି ସାହୁର ମଡେଲ ଝିଅ, କାହାକୁ କହିବ କୁହ
ସଭିଏଁ ମନ୍ତ୍ରୀଙ୍କ ଲୋକ ।

ଜଗତୀକରଣ ଯୁଗରେ ଆହେ ନୀଳଶଇଳ... ଭକତ ଜୀବନ ପାଇଁ
କଣ୍ଟାବାଡ଼ ନା ଗୋଲାପ କଢ଼, ନାଇଁ ହୋ
ଜହ୍ନା ଭିଡ଼କୁ ନୁହଁ ।

କିହୋ, ହାତୀଦାନ୍ତ ମୃଗଛାଲ ଗଣ୍ଡା-ଗୟଳର ଶିଙ୍ଗହାଡ଼
ହରେକ୍ ମାଲର ବେପାରୀ ବେକ
ଛେଦିଲା କି ଚକ୍ର ପେଷି ଆହେ ନୀଳଶଇଳ... ଶୁଣିଛ !

ସାତଶହ କୋଶରୁ ଅଧିକଥାଇ ଭୋକୀ ଭକତ ଦେଉଥିଲେ ଡାକ
କଟକେ ଅଟକ ହେଲା କି ରଥ
ଉଭା ଲଙ୍ଗଳା ଅସହାୟା ରମଣୀର ଦେହ ଲାଜ ପାଇଁ
ସରଗ ଶୂନ୍ୟରୁ ମିଳିଲା କି ଶାଢ଼ୀ ବାରହାତ
ହୋ ମୀନ, କଚ୍ଛପ, ବରାହ ବାହାଦୂରଗଣ କେଉଁଠି ଆପଣ
ରହ ରହ କାଲି ଜଙ୍ଗଲ ମନ୍ତ୍ରୀଙ୍କ ଝିଅ ବାହାଘର, ଭୋଜି ଭାତରେ
ଲାଗିବ ମାମୁଲି ମିଛର ମାୟା ଭିଆଣ
ରହ ରହ, ଚୋରା ଚାଲାଣରେ ଏଇଠୁ ଯିବ
ଆପଣଙ୍କ ଅବତାର ବେଶ, କାଢୁପଣ ଯେତେକ ଢମ
ମାଫିଆ ମଧ୍ୟସ୍ଥିଙ୍କ ସହ ସାରିଛି ଦେଣନେଣ ବିଦେଶୀ ବଣିକ।

ବର୍ଷା ହଉନିତ, ନହେଉ ଚଳିବ ଚଳିବ। ଆଷାଢ଼ ଅଶିଣରେ
ରଇତର ରକ୍ତଗୀତ ଗାଇ ସୁଲୁସୁଲୁ ପବନ ଦୋଳିରେ
ଦୋହଲୁ ନାହିଁ ଗୋଟେ ହେଲେ ଧାନଗଛ, ଏୟା ତ !
ବିଲୁଆପରି ଖରା-ଖତୁକୁରୀ ଡେଉଁଛି ତ ବାରମାଣ ବିଲ ପରେ ବିଲ
ଡେଉଁଛି ତ ଡେଉଁ
ଆର ବୈଶାଖରେ ଉଠିବ ଡାଲୁଅ ଟାଇଚୁଙ୍ଗ୍ ଧାନ
ଆଗଭଳି ଆଉ ଖାଲି ପଡୁଛି କି ମରେଇ ଅମାର, କହୁନ।

ଜାଣିନା କି, ହୀରାକୁଦ ପାଣି ଧରିଲାଣି ବିଲବାଡ଼ି ଘୋ' ଘୋ'
ଘଇତାଖାଇ ଗହୀର ପାଟ
ନିଇତି ପଖାଳୁଛି ଗୋରୀ ଗୋଡ଼ ଲମ୍ବେଇ ବାସି ଦେହ
ଏଣେ କେନାଲ କାମରେ ଧୁଉମ୍ ଠକୁଛି ଠିକାଦାର
ଖୁଉବ୍ ପାଟି କରୁଛି ପାଣିଦିଅ ବିଧାନସଭାରେ ଆମ ବିଧାୟକ
ଗଢ଼ା ବି ସରିଲାଣି ପାଣି ପଞ୍ଚାୟତ, ଏଣିକି ପେଡ଼ିରେ ରଖ
ସାପ ପରି ଶାସ୍ତ୍ର ସୁଆଙ୍ଗ, ବର୍ଷା ଜଣାଣ ହୋ ପଣ୍ଡିତ।

ବିଶ୍ୱାସର ବୀଜ ଛିଡ଼ା କରେଇଛି ବଧ୍ୟଭୂଇଁରେ ବୁଦ୍ଧିର ବରଗଛ
ଚିନ୍ତାର ଚେର ଚେତନା ଓହଳ
ଫଟେଇ ସାରିଲାଣି ତୁମ କାରସାଦ ଗୁମର କାନ୍ଥ
ଭାବ ଭଣିତାର ତଳ ଅତଳ ପର୍ବତ ଚୂଳ
ଆମ ଲୁହରନଈ ଜାଣି ସାରିଲାଣି ନିଜ ଭିତରେ କେତେପାଣି କାଦୁଅପଙ୍କ
ଜୀବନ ପ୍ରବାହର କେତେ ବୁଲାଣି ବାଙ୍କ, ଅଗମ୍ୟ ବାଟ
ଜାଣି ସାରିଲୁଣି କୂଳରେ ଆମର କିଏ ତୁମେ ନିଷିଦ୍ଧ ଫଳ
ନା ସିଦ୍ଧ ପୁରୁଷ।

କଂପାନୀ

ଆମେ ବି ଜାଣୁ ମଞ୍ଜିର କରାମତି, ପାଗଯୋଗ ଜାଣି
ପୋତିଥିଲି ବୋଲି ତ ଏବେ ଲେମ୍ବୁ ଗଛରେ
କାହିଁରେ କେତେ କଢ଼
ଚାଳ ମଥାନରେ ମାନିଛି ବେଶ୍ ଶାଶୁର ନୋଳି ପରି
ନାଉଫୁଲ, ହୁଡ଼ାରେ ନଇଁ ପଡୁଛି ସଜନାଭର୍ତ୍ତି ଡାଳ
ପୂବେଇ ପବନରେ ଲହଡ଼ି ଭାଙ୍ଗୁଛି ଉଦାର କ୍ଷେତରେ
ସାରଦ ଫସଲ, ଏଥିରେ ଅଛି କି ନାହିଁ ଉଜଗ ଉଜାଗର
ରକ୍ତର ରାଣ, ହାଡ଼ର ହଳପ
ମୋ'ଠୁ କିଏ ଅଧିକ ଜାଣେ, କୃଷିମନ୍ତ୍ରୀ ନା ଗ୍ରାମ ସେବକ !

କେମିତି ଫଳେଇ ହୁଏ ଦୁଃଖର ବିହନରୁ ସୁଖର ସପନ
ବିନାଶର ବାର ମାଣିଆରେ ବିକାଶର ବସୁମତୀ ଧାନ
ଜାଣିଛି ବୋଲି ତ ନଇଁ ପଡ଼ିଥିବା ଅଣ୍ଟା ସଳଖ କରି ଭୁଲିଗଲୁଣି
କିଏ ହଡ଼ପ କରିଥିଲେ ରିଲିଫ୍ ଚାଉଳ
ଏହା ବି ସତ, ଭୁଲି ସାରିଛି କାହିଁକି ନାଉନି ମଥାରେ ସିନ୍ଦୂର ।

ଦୁଃଖ ଗଅଁଠକର ସ୍ୱାଭିମାନ ଥାଏ ବୋଲି ଗରିବ ଗୁରୁବାଠୁ
ଆଉ କିଏ ଅଧିକ ଜାଣେ, ଦେଖୁ ନାହାନ୍ତି
ସୁଅର ବିପରୀତରେ ପହଁରି ପହଁରି ପାଇଛି ଘାଟ
ଜିଆଁଇଛି ଜିଅଁଳ ପରି ଘଟ
ସଜେଇଛି ନଣନ୍ଦ ଟୋକିର ଗାଲ ପରି

ଭଙ୍ଗା ଦଦରା ଘର, ଆପଣା ଉଦାସୀ ପଣ, ଖାଁ ଖାଁ ଛାତିତଳ
ଯେତେ ଯାହା ଖୁଣ ଖୁମାଣ ଖାଲ ଢ଼ିପ ଗଲା ପାଞ୍ଚ ବର୍ଷରେ
ହାତେ ହାତେ କରିଛି ପୂରଣ ।

ଅସଜଡ଼ା ଭିଟାମାଟି ଅରାକର ଯେଉଁ କଇଁକଇଁ କାନ୍ଦଣା
ମୋ'ଠୁ କିଏ ଅଧିକ ଜାଣେ
କର ଖଜଣା ଅସୁଲ କରୁଥିବା ସରକାରୀ ଲୋକ
ନା ପୁଲିସ୍, ପ୍ରଶାସନ, ବାଣୁଆ, ବଣିକ
ମାଟିକି ମା' ମଣି ବଞ୍ଚିବା ଆମର ଅଭ୍ୟାସ ବୋଲି
ଗଲା ପାଞ୍ଚବର୍ଷରେ ଥରଟେ ଚାହିଁନି ନର ଜନମରୁ
ମୁକ୍ତି ମୋକ୍ଷ, ବଞ୍ଚିବା ଦାଉରୁ କ୍ଷମା
ମାଟିରେ ମାଟି ହେଲି ବୋଲି ତ ଫେରି ପାଇଲି
ସୁଖ ଦୁଃଖର ମୂଳଜମା, ସ୍ୱାମୀଙ୍କ ଛାତି ପରି ସ୍ମୃତିର ଏରସମା ।

ଆଉ ଊଣା କଅଣ ! ଏଣିକି ଯାହା ବଞ୍ଚିବା କଥା
ଯେତେବେଳେ ମରଣ ବୁଲୁଥିଲା ମନ ମରମର ଗହିର ପାଟ
ଓର ଉଣ୍ଡି ନସର ପସର ହେଉଥିଲା ଦେହ କଷଣରେ
ସେତେବେଳେ ଆସାମ, ସୋନାଗାଛି କି ସୁରଟ ଯାଇନି
ଏବେ କାହିଁକି ଯିବି, ମହାବାତ୍ୟାଠୁ କ'ଣ ଏତେବଡ଼
ନିଆଁ ନରକର ଇସ୍ପାତ କଂପାନୀ ।

ଆମେ ଜାଣୁ, ଶାଳ ପିଆଶାଳ ଗଜା ପରି ମୁଣ୍ଡ ଟେକିଲେ
ଆମ ବଂଚିବା ବିଷୟ
ଛଳ ଛଟକରେ ଛେଦନ ହୁଏ ଚେର ମୂଳ, ବେଦଖଲ ହୁଏ
ଭାଗ୍ୟ ଭୋଗର ଭୂଇଁ, ଏଣୁ ଆମେ କାଳେ କାଳେ ଅସ୍ଥାୟୀ
ଆମର କେଉଁ ଥାଏ ଯେ' ଠଣା ଠାଣି ଠିକଣା
ଆଜି ଏଠି ତ କାଲି କେଉଁଠି ମାଟିକୁ ମା' କହୁ
ମାଟିରେ ମାଟି ହୋଇ ନିଜକୁ ଗଢୁ, ପୁଣି ଆଦେଶ ନାମାରେ
ଭାଙ୍ଗିଯାଉ, ବିସ୍ଥାପିତ ହେଉ ।

କେଉଁ ଯୁଗରୁ କେଜାଣି, ମୁନିବଙ୍କ ମର୍ଜି ମିଜାସ ମଜଲିସ୍‌ର
ଶିକାର ହେଉଥାଏ ଆମର ପ୍ରଜ୍ଞା ପ୍ରତିଜ୍ଞା
ଚିଲିକା ଚିଙ୍ଗୁଡ଼ି ପରି କେବଳ ବଞ୍ଚିବା ପାଇଁ ଏତେ ସବୁ
ନିଉନ ନିକୁଛ ବେଛପରି ସାଙ୍ଗ୍ୟା
ପିଢ଼ି ପରେ ପିଢ଼ି କହି ଚାଲିଛୁ ଡରିହରି ହଁ, ହଜୁର, ଆଜ୍ଞା ।

ଗଢ଼ା ହୋଇଛି ରାଜବାଟୀ, ରାଜଧାନୀ, ମନ୍ଦିର ମାଳିନୀ
ସବୁଥିରେ ଆମର ପାଳି, ବସିଛି ଶିଳ୍ପ ପଡ଼ିଛୁ ବଳି
ସ୍ଥାପନ ହୋଇଛି ଗୁଳି ଗୋଳା କାରଖାନା ଘାଟି
ଆମ କାନ୍ଧରେ ପଡ଼ିଛି ଜୁଆଳି
ଦଳ କନ୍ଦଳ, ଦଙ୍ଗା ହଙ୍ଗାମାରେ ଆମ ଛାତିରେ ଗୁଳି
ଦେଖାଯାଉ, ଏଥର କାହାର ପାଳି କାହାର ଭାଙ୍ଗୁଚି କମର
କାହା କପାଳରେ ଲାଗୁଚି ପାହାର !

■

ଗୁଲିଖଟି

ଆଜି କାହାର ପାଳି, ଯାହାର ହେଉ ଭୋଜି ହବ ଇ ହବ।

ବଟି ଦେଇଛି ନା ନାହିଁ ରାଜପଥ ଠିକାଦାର, ଠିକଣା ମିଳିଲା କି
ବିଲ୍ଡ଼ର୍ ଏଲ୍.କେ.ବିଶ୍ୱାଳର
ମାହାଲିଆରେ ମାରି ନେଇଥିବା ଖଣି ଲିଜ୍
ଗୋଟେ କଂପାନୀ ମ୍ୟାନେଜର ଆଜି ଯୋଗାଡ଼ କର
ଭୋଜି ହବ ଇ ହବ।

ଆଜି କିଏ ସବୁ ପଢ଼ିଛ କୋଉ ଖବର କାଗଜ, ସୂଚନା ମିଳିଛି କି
କିଏ ହାତେଇଚି ଏକାଡ଼େମୀ ପୁରସ୍କାର ଚଳିତ ବର୍ଷର

ସବୁ ନାଟର ନୋଟବିଡ଼ା, ତତଲା ତେଲପରି ତଲାକ୍ ଧରି
ଆରବ ଶେଠ୍
ବୁଲୁଛି କି ନାହିଁ ବୋହୂ ମେଳା ବିହାରଠୁ ରାଜସ୍ଥାନ

ଫେରି ପାଇବ କି ନାହିଁ ମଦୁଆ ସ୍ୱାମୀ ନଜ୍‌ମା ବିବିର ଫେରାଦ୍
କେବେ ବୁଝୁଚି ମୁସ୍‌ଲିମ୍ ପର୍ସନାଲ୍ ଲ' ବୋର୍ଡ଼

କାଶ୍ମୀର କନ୍ୟା ବ୍ୟବହାର ନ କଲେ ବୁର୍ଖା ଜାରି ହୋଇଥିବା
ଫତୱା ଉଠିଲା କି, ଜେହାଦ୍ କଣ ଜହ୍ଲାଦର ରକ୍ତଗତ

ନକ୍ସଲ ଗୁଳିରେ କେତେ ମଲେଣି ସରପଞ୍ଚ, ସାହୁକାର, ସର୍କାରୀ ଲୋକ
ଜଙ୍ଗଲ ମନ୍ତ୍ରୀଙ୍କ ଯନ୍ତାଳରେ କେମିତି ଲାଗିଲା ହରିଣ ମାଂସ
କାଲି ଯେଉଁଠି ପଡ଼ିଥିଲା ରକ୍ତ, ପୁଲିସ ଲେଖିଲା ତ ପାନଛେପ

ହିନ୍ଦୁ ଧର୍ମକୁ ଲେଉଟିବାର ଥିଲା ସନାତନ, କ'ଣ ବିଚାର କଲେ
ମୁକ୍ତି ମଣ୍ଡପରେ ବ୍ରାହ୍ମଣ ସମାଜ
ନରହତ୍ୟା ଅଭିଯୋଗରୁ ଖଲାସ ପାଇଲେକି ଶଙ୍କରାଚାର୍ଯ୍ୟ
ସମଲିଙ୍ଗୀ ଘଟଣାରେ ସଂପୃକ୍ତ ଫାଦରଙ୍କ ହାଲତ କ'ଣ
ଆଉ କାହିଁକି ଆଗଭଳି ଅଂଜନା ମିଶ୍ରର ଶୁଭୁନାହିଁ ସ୍ୱର ଶବଦ
ଠାକୁରପାଟଣା ମନ୍ଦିରବେଢ଼ାରୁ ତୋଳିଲାକି ଟଗରଫୁଲ ଦଳିତ ଝିଅ
କବୀ ମଧୁମିତା ଶୁକ୍ଳାର ହତ୍ୟାକାରୀ ମଧୁବନ ମେୟର ହେଲାକି ପ୍ରମାଣ
ଚନ୍ଦନ ଦସ୍ୟୁର ସ୍ତ୍ରୀ କେଉଁ ଦଳ ଟିକଟରେ ଲଢ଼ିବ ଏଥର ଇଲେକସନ୍।

ଜାଣିଥିଲେ ଜାଣିଥିବ ଗୁଇନ୍ଦା ବିଭାଗ, କେଉଁ ସାମ୍ବାଦିକ ନ ହେଲେ
ମା' ଗଙ୍ଗେଇକି ଜଣା, ଆମର ଜାଣି ଲାଭ କ'ଣ
ବୁଦ୍ଧିଜୀବୀଏ ମତ ଦେଲେଣି ଆମେ ଗାଲୁ, ଗୁଲିଆ, ଗବଗାଣ୍ଡୁ ଦଳ
ଯେତେ ଯେତେ ଗଡ଼ିଯାଉଛି ବେକାର ବୟସ, ସେତେସେତେ ପ୍ରେମରେ ବିଫଳ।

ଜାଣିଚ ତ, ବିଫଳର ବସ୍ତାନୀଭିତରୁ କୋଉଠି ହେଲାଣି ରାଧାକ୍ରିଷ୍ଣନ୍
ଗତଥର ବିଧାୟକ ଏଥର ସାଂସଦ, ନଥିଲା କୋଠି ଏବେ କୋଟିପତି
ନଥିଲା ଅମାର ଏବେ ମେଲେଇଚି ଅମରାବତୀ
ଦେଖିଲତ, କେମିତି ସହଜହେଲା ଥଳଅଥଳ ଭବସାଗର ହାରାମୀ ପାଇଁ
ଏଣେ ଆମେ ଶୂନ୍ୟକୁ ହାତ ଟେକି ପ୍ରାର୍ଥନା କରୁଛୁ ପାରିକର ହେ' ଶୂନ୍ୟଦେହୀ।

ମନେପକା, ଧର୍ମଫର୍ମ ଉପରେ କ'ଣ ଗୋଟେ ବହି ଲେଖିଥିଲା ତସ୍‌ଲିମା
ଖାଲି ଉଠିଲା ପଡ଼ିଲା ପୂର୍ବବଙ୍ଗ, ଏଣେ ଆମେ ମୁଣ୍ଡେଇଚୁ
ପୁରାଣ ପୋଥି, ତଲାକ୍, ବିଶ୍ୱରୂପ, ମନ୍ଦିର, ମସ୍‌ଜିଦ୍ ପ୍ରସଙ୍ଗ
ଆଦେଶ ଉପଦେଶ ଗଦାଗଦା ଉଦାହରଣ
ଧରିଚୁ ରକ୍ତ ଜୁଡୁବୁଡୁ ଇତିହାସ, ଗୋଟେ ଭୀରୁ ହିଜଡ଼ା ଦେଶ।

ଭୀରୁ ଦେଶ କହିଲେ କ'ଣ ବୁଝୁକିରେ ସର୍ବେଶ୍ୱର, ବୋଲ୍‌ବୋଲ୍ !

ମନୁଙ୍କ ଶୁଣାଣି ବେଦର ଗାର, ମଣିଷ ଜାତି ଚାରିଭାଗ
ରାଜାଙ୍କୁ ମଣିଲୁ ଈଶ୍ୱର ପୁତ୍ର
ଖଟିଲୁ ବେଠି, ସହିଲୁ ଯୋର୍ ଜୁଲମ ଲାଠି, ଦେଲୁ କର ଖଜଣା
ଘରର ବେଟୀ
ଜାଣିବା ଆଗରୁ ଜଗନ୍ନାଥଠି ଲୀନ ହୋଇଗଲେ ବିଚାରା
ଚୈତନ୍ୟଦେବ
ଦେଖିବା ଆଗରୁ ଦାସିଆ ବାଉରିର ନଡ଼ିଆ ଭୁଞ୍ଜିଲେ ଶ୍ରୀ ଜଗନ୍ନାଥ
ଚଣ୍ଡୀ ଦେଉଳରେ ଛେଳି, ମେଣ୍ଢା, ମଇଁଷି, ମଣିଷ ବଳି
ଦାନ ଦକ୍ଷିଣାରେ ଯାଏ ଭିଟାମାଟି, ବାପାଙ୍କ ରାଣ, ବୁଢ଼ାଙ୍ଗୁଳି
ଡାକିଚୁ ବିଦେଶୀ ଶାସକ, ଧୋଇଚୁ ପାଦ ନୋଇଁଚୁ ମୁଣ୍ଡ
ଯୁଦ୍ଧରେ ହାରିଚୁ ହଜାରେବାର, ତଥାପି ଛାଡ଼ିନୁ ହରିବୋଲ
ସର୍ବେଶ୍ୱର, ଗାଲୁକଥା ବନ୍ଦକର ନେ ଚିଲମ ଉଠାଦମ୍ ।

ଡରୁଚୁ କ'ଣ ! କୁଆଡ଼େ ନା କୁଆଡ଼େ ବୁଲୁଚି ବସାହୀନ ବିଶ୍ୱାସ
କେଉଁଠି ନା କେଉଁଠି ଭାଙ୍ଗି ପଡ଼ିଛି
ସତ୍ ସାହସର ବାସ ଖଣ୍ଡିକ, ହୁଏତ ଭଦ୍ର ଲୋକଙ୍କ ଧାଡ଼ି ଭିତରେ
କେଉଁଠି ଅଟକି ଯାଇଚି ବିବେକ
ଯୋଉଯାଏ ଟଙ୍କାରେ ଚିହ୍ନ ହୋଇ ବନ୍ଧା ପଡ଼ିଛି ଗାନ୍ଧୀ
ମହାଭାରତ ସିରିଆଲ୍‌ରେ ଗାନ୍ଧାରୀ, ଆଉ ଡର କ'ଣ ସର୍ବେଶ୍ୱର
ଏବେ ଦେଶସାରା ଅପାରଗ ଶ୍ରାବଣ, ଅପାଣିଆ ନଈ, ରଙ୍କଙ୍କ ରାଜୁତି
ଆମଠି ହାତ ଦବ କିଏ ଆମେତ ପୂରାପୂରି ବଣ ବିଛୁଆତି ।

ଅପେକ୍ଷାକର, ଗୁଲିଖଟିରୁ ଆଉବି କାହାର ପଡ଼ିପାରେ ପାଳି
ଠିକ୍ ରାଧା କ୍ରିଷ୍ଣନ୍ ପରି
ଟିକେ ଚାନ୍ଦ, ଟିପେ ଚାଉଳ ପରି ଶିଖ ଛୁଇଁବାର ଆଶାର ସିଡ଼ି
ଯଦି ଚଢ଼ିଯାଏ କେବେ ନା କେବେ ରକ୍ତର ହଳକ୍
ତେଣିକି ବୁଝାଯିବ କେଉଁଟା ହକ୍ କେଉଁଟା ନିମକ

ଆଧୁନିକ କବିଙ୍କ କବିତା ପରି ଅଙ୍କାବଙ୍କା କଥାକହି ଲାଭ କ'ଣ
ଯାହା କହିଛି ସିଧା ସଳଖ, କହିଚି ଏଇଥିପାଇଁ
ମୋତେ ଜଣାଅଛି ଋଣକରି ଘିଅ ପିଅ କାହିଁକି କହିଥିଲେ ଚାର୍ବାକ।

■

ଭଲଲୋକ ତ ଆପଣ !

ହଜୁରେ ! କାନ୍ଥରେ ଟଙ୍ଗେଇଚ ଯୋଉ ଫଟୋ ଖଣ୍ଡିକ, ମୋ ଝିଅର
ଓହ୍ଲେଇ ଦିଅ ।

ମା' ପେନୁର ଦାନ ଛାତି ଉପରେ ହାଡ଼ଫୁଲ, ଗାଲରେ ପାଣି ଭଉଁରୀ ଦାଗ
କଳାମୁହଁର ସୁନ୍ଦରକୁ ବଢ଼େଇଛି ଆହୁରି ବାରଗୁଣ
ଦେଖୁନ, ଯୋଡ଼େ ନୟନରୁ ଯେମିତି ଡ଼େଇଁପଡୁଚି କନକନ ନିରୀହ ମୃଗ
କେଶ ଗଣ୍ଠିରେ କେରେ କୁରେଇ ଫୁଲ, ଓଠ ଉଠାଣିରେ ଚନ୍ଦ୍ରହସ
ସଭିଏ କହିଲେଣି ଇଏ ତମରି ଝିଅ, ଆସିଚ ତ ସାଙ୍ଗରେ ନେଇ ଯାଉନ ।

ବଢ଼େଇ କୁଢ଼େଇ ଏଡ଼ୁଟିଏ କଲି, କେମିତି ଜାଣିବି ନାହିଁ ଇଏ ମୋ
ରକତରୁ ଜାତ ହାଡ଼ ମାଉଁସର ମାଇମଣିଷ, ନାଁ ଗୁରୁବାରୀ ଗୋଟେବୋଲି ଝିଅ
ଜାଣ ଏତିକି ଦୋଷ, ଝରଣା ପାଣି କି ବାୟାଣୀ ବୋଲିତ ଜାଣିପାରେ ନାହିଁ
କେବେଠୁ ହେଲାଣି ସିଏ ପୂନେଇଁ ଜହ୍ନ
କିକଲ କିକଲ, ଓଦା ସରସର ଅଧା ଲଙ୍ଗଳା ଚଇତି ଦେହ ଆଲୁରା ପଣ
ଛାର ସଉକପାଇଁ ଘର କାନ୍ଥରେ ଟଙ୍ଗେଇଦେଲ, ବାଃ ଭଲ ଲୋକତ ଆପଣ ।

ଗଲାସନ ବଣମୂଲକରେ ପକେଇଥିଲ ପାଦ, କହୁଥିଲ କି ଚମତ୍‌କାର
ପାହାଡ଼ ପର୍ବତ ଜଙ୍ଗଲ ଦେଶ ! ବେଳୁବେଳ ବିଭୋର ହୋଇପଡୁଥିଲ
ଆଖି ହଳକରେ ଯେମିତି ସଂଚୁଥିଲ ଶ୍ୟାମଳ ଦୃଶ୍ୟମାନ, ଡଙ୍ଗର, ଦିଗ୍‌ବଳୟ
ଆପଣଙ୍କ ଭାବ ପ୍ରବଣତା ଜଣେଇ ଦେଉଥିଲା ଯେମିତି କେଉଁ ଗୋଟେ
ଧାଙ୍ଗିଡ଼ି ଯୋନିରୁ ଜନ୍ମହୋଇ ଆର ଜନ୍ମରେ ଆମ ସ' ଭୁଂଜିବ ମାଣ୍ଡିଆପେଜ ପି'

ମହୁଲିମଦ ନାଚିବ ମାଦଳ
କେବେକେବେ ଜରାବାଧିକାରେ ପଡ଼ି ଯୌବନ କାଳରେ ବୁଢ଼ା ଦିଶୁଥିଲେ ବି
ଆମ ସ' ତାଳଦେଇ କହୁଥିବ ଜମି ଜଙ୍ଗଲ ଜଳ ଆମର
ଆମଭଳି ପୁଲିସ୍ ଖାତାରେ ସାଜିଥିବ ମାଓବାଦୀ ନକ୍ସଲ, ସଜା ଭୋଗୁଥିବ।

ଓଃ, ଆପଣଙ୍କ ଭାବ ପ୍ରବଣତା ଜନ୍ମାକ୍ଷଣିକ ବିୟର ବ୍ରୟଲର ବଣଭୋଜିସମ
ଜାଣିଲା ବେଳକୁ ଖେଳି ସାରିଲଣି ଆମ ଜୀବନ ସହିତ ହାରାମୀ ଖେଳ
ବର୍ବାଦର ବ୍ୟଥା ବାର୍ଷିକୀରେ ଆମେ ଲୁହ ଢାଳୁ ଥିଲାବେଳେ
ଆପଣ ମାନ୍ୟଗଣ୍ୟ ବ୍ୟକ୍ତି ବିଶେଷ
ବିବୃତିରେ ପୋତିପକଉଚ ଜନ ସମ୍ମେଳନ, ଟିଭି, ଖବରକାଗଜ।

ବାଃ, ଭଲଲୋକ ତ ଆପଣ ! ଧରେଇଦେଲ ପାଦ୍ରି, ପୁରୋହିତ କଲିମଂଜି
ଆମେ ଆମ ମାଟିରେ ପୋତି ହିଂସା କ୍ରୋଧ ଈର୍ଷାର ଖତସାର ଦେଇ
ବଢ଼େଇ ସାରିଚୁ ହୃଷ୍ଟପୁଷ୍ଟ ଗଛ
ତାହି ଡାଳରେ ଫୁଟୁଚି ଭାରଭାର ରକ୍ତଫୁଲ, ଥରୁଟେ ମୁଣ୍ଡକୁ ନିଅ
ନାଇଁନାଇଁ, ଚାଲିଗଲ ଭୁବନେଶ୍ୱର।

ବିଜ୍ଞାପନ ବ୍ୟାନର ଭିତରେ ଥାପିଦେଇଚ ଆମ ଧେଡ଼ି ପିଲାଙ୍କଠି ସ୍କୁଲବ୍ୟାଗ
ମାଈକିନିଆ ଓଠରେ ଉଦୟ ସୂର୍ଯ୍ୟର ସୁନାହସ
ମୋ ହାତରେ ଗୋଟେ ଟ୍ରାକ୍ଟର ଗୋଛେ ଧାନଗଛ, ଲେଖିଦେଇଚ ଭାରତନିର୍ମାଣ
ତେଣେ କାଟି ନେଲଣି ଭଉଣୀ ସ୍ତନ, ବାପର ଜିଭ, ଭାଇର ପାପୁଲି
ରାତାରାତି ଭିଟାମାଟି ଉପରେ ଛିଡ଼ା କରେଇଚ କାର୍ଖାନା ପାଚେରୀ।

କହିବ କି, ଯିଏ ଅକାଳରେ ପଚାରକ୍ତ ହୋଇ ବୋହିଗଲେ ମାଟିରୁ ନଈକି
ଟ୍ରକ୍ ଡାଲାରେ ଲଦାହୋଇ ଚାଲିଗଲେ ଏ'ଠୁ ଅନ୍ୟଠିକି
ଯିଏ ନିଆଁ ପାଉଁଶ ହୋଇ ମିଶିଗଲେ ପବନଠି, କେଉଁସୂତ୍ରରୁ କେହି ଜଣେହେଲେ
ଆପଣଙ୍କ ରକ୍ତ ସଂପର୍କୀୟ, ଖୋଦ୍ ଔରସରୁ ଜାତ କହିବ କି !

ଜବାବ ଦିଅ, ନାଇଁତ ଆମ ଲହଲହ କ୍ରୋଧ ଆପଣଙ୍କ ବେଦରେ ଭଣିତ
ଗୋଟେ ମହାପାପ ବେଇ ପକେଇବ
ମୁଇଁବି ଦେଇପକେଇଚି ପୁଅର ନାଁ ନାରାୟଣ
ନର୍କଫର୍କରୁ ବାପର ଉଦ୍ଧାର ବିଷୟ ବୁଝିବାର କଥା ବୁଝିବ।

■

ଉପଦେଶ

କହୁଛ, ଆଜି ଏକ ଭଲ ଦିନ। ଏମିତି ଏକ ଦିନରେ
ଗାଇବାର ଅଛି
ଭୀମ ଭୋଇ କି ସାରିଆ ଭିକର ପଦେଅଧେ ଭଜନ
ଭୁଂଜିବାର ଅଛି ନିରାମି ଭୋଜନ
ଲୋଡ଼ିବାର ଅଛି ଆପଣା ଭିତରୁ ଉଦାର ମନ
ପାରୁଛ ତ ପୁରୀ କି ପ୍ରୟାଗ ବୁଲି ଆସିଲେ ଭଲ।

ଭଜନ, ଭୋଜନ, ମନ କହିଲେ ଆମର ତ ସବୁମିଶି
ଆମ ହାତରେ ଅଛି ଭୋକ, ଭିକ, ଅଭେକର
ବକଟେ ବୋଲି ମାମୁଲି ଜୀବନ
ଆମରି ଅଖଞ୍ଜ ହାଡ଼, ଶିରାଶିରା ଭେଦି ହଜାରେ ଭୀମଭୋଇ
ପିଟୁଛି ଖଞ୍ଜଣି, କଲିଜା କଢ଼ର ଛାଇତଳେ
ଶହେସରି ସାରିଆ ଭିକ ପାଇଲେ ତ ପିଉଛି ପେଜ ତୋରାଣି।

ଯେମିତି କହୁଛ, ସେମିତି ଆଉ ଚଳି ହବନି ଏମିତି ଏକ
ନଈ ମଝିରେ ଥାଇ
ମୁହଁରେ ଲାଜ କରି ପେଟରେ ଲୁଚାଇ ଭୋକ
ଏମିତି ଏକ ନଗରରେ ମଥା ନୁଆଇଁ ଆମେ ଯେତେ ପ୍ରଜା ପାଟକ
ସହି ପାରିବୁନି ଅଦେଖା ଥାନର ଦୁଃଖ

ଆଉ ଯାଇ ପାରିବୁନି ସତ୍ୟ ରକ୍ଷାକରି ଆମେ ଯେତେ
ବଉଳା ଗାଈ, ଅରଣ୍ୟରେ ଅନେଇ ଥାଉ ବାଘ

ଏମିତି ବଂଚି ପାରିବୁନି କଇଁଛ ବେଶ ଧାରଣ କରି
ଭିତରକୁ ଫେରେଇ ନଉଥିବୁ ଥରୁଥର ମାଇଚ୍ୟା ଜୀବନ

ଏମିତି ଦଉଡି ପାରିବୁ ନାହିଁ ରାମଚନ୍ଦ୍ରପରି
ଆଗେ ଆଗେ ଲୁଚୁଥିବା ଦିଶୁଥିବା ତରତର ତର୍କା ଗୋଟେ
ସୁନାର ହରିଣ।

ଆଦର୍ଶ, ଆଦେଶ, ଉଦ୍ଦେଶ୍ୟ ପାଳି ବଂଚି ଆସିଲୁଣି ଏତେଦିନ
ଏତେଦିନ ପ୍ରତିଶ୍ରୁତିର କୁହୁଡ଼ି ଭିତରେ
ମିଳେଇ ସାରିଲୁଣି ଆମେ ଯେତେ କଅଁଳ ମେଘ
ମିଛର ମହକୁମାରେ ଅଧା ମରିଲୁଣି ଆମେ ଯେତେ ଘାସଫୁଲ
ଆଉ ବାଧ୍ୟ କରନାହିଁ ଆମେ କେମିତି
ବ୍ୟବହାର କରିବୁ ଏଇଅଛି ଏଇ ନାହିଁର ଆୟୁଷତକ।

ଧରନିଅ, ମହଲା ମହଲା ମହଲରେ କାଠର କୁଟି କମରୁ
ଆମେ ଯେତେ ନିହତ ଗଛ ପାଇବାକୁ ଚାହୁଁ ବଞ୍ଚିବାର ଦିନ
ଖଳା, ଖଳେଇରୁ ମୁକ୍ତି ଚାହୁଁ ଆମେ ଯେତେ
ଭରଣ ଭରଣ ଧାନ, ମହଣ ମହଣ ମାଛ
ଛୁଇଁବାକୁ ଇଚ୍ଛା କଲୁଣି ମା'ର ଥନ, ବାପର ଥାନ
ଆମେ ଯେତେ ମନ୍ଦିର ମସଜିଦ୍ ମଧ୍ୟରୁ ଇଟା ଓ ପଥର
ଧର୍ମଶାସ୍ତ୍ର ଧମକରୁ ଉଠି ଆସିବାକୁ ବ୍ୟଗ୍ର ହେଲୁଣି
ଆମେ ଯେତେ ନିରୀହ ଅକ୍ଷର

ଦୁଆର, ଦପ୍ତର, ଦରବାର ଭିତରୁ ଫେରସ୍ତ ଚାହୁଁ
ଓଦା ସରସର ଆହତ ଭାଗ୍ୟ, ଆମେ ସଂଖ୍ୟାଧିକ ମଣିଷ।

ଆମେ ମାନିବୁ କି ନାହିଁ ଶୂଦ୍ର ବିହୀନ ଦଶ ଅବତାର
ଆମର କିଏ ପ୍ରିୟ ହେବ ରାମ କି ରାବଣ
ଏମ.କେ.ଗାନ୍ଧି କି ଆମ୍ବେଦକର
ଆମେ ପଢ଼ିବୁ ଗୀତା କି କୁରାନ୍, ଦେହରେ ଯିବ କେଉଁ ଲୁଣ
ବିଲ ବାଡ଼ିରେ ଚାଷ କରିବୁ ହାଇବ୍ରିଡ୍ କି ଦେଶୀ ବିହନ
ବିବାହ କରିବୁ ଧୋବଣୀ କି ବ୍ରାହ୍ମଣୀ ସହ
ଏହା ଆମ ବ୍ୟକ୍ତିଗତ ବିବେକର ବିଷୟ।

ଧରିନିଅ ଆଜି ଦିନରେ ଆମେ ଯଦି ବୁଲିଯାଉ ଶ୍ରୀକ୍ଷେତ୍ର
ଆଗ ଦେହସୁଖ, ଦେଉଳ ଦର୍ଶନ ନା ସ୍ୱର୍ଗଦ୍ୱାର
ଉପବାସ ନା ସହବାସ, ସୁରା-ସୁନ୍ଦରୀ ନା ଶରଧା ବାଲି
ପରାମର୍ଶ ଦିଅନାହିଁ କେଉଁଟା ଆଗ, ଏଣିକି ଆମ ବାଟ
ଆମକୁ ଛାଡ଼ିଦିଅ।

ମାଳିକା

ଭାବୁଛ କି ଆଲୁକୁଚି ମାଲୁକୁଚି ଅନାବନା ଗଛ, ଜମା ନୁହଁ
ଇଏ ଗୋଟେ ମନଧ୍ୟାନ ଚେତା ଚଇତନର ବଟବୃକ୍ଷ ପାଞ୍ଚଶହ ବର୍ଷର
ଚାରି ଚଉକଷ ଚତୁର୍ଦ୍ଦିଗ ମାଡ଼ି ଛିଡ଼ା ହୋଇଛି କେଡ଼େ ଦମ୍ଭରେ
କାଳର କେନାରେ ଦେଖ ଓହଳିଛି ପେନ୍ଥିପେନ୍ଥି
ପଲକ ପୁଲକର ସତ୍ୟ ସନ୍ଧାନର ଫଳ
ଓହଳପରି ଶବ୍ଦର ବିଶ୍ୱାସ ଛୁଇଁଛି ମାଟି, ମହକୁଛି ଅକାଟ୍ୟ ବଚନ
ଇଏତ ସାଧ୍ୟ ସାଧନା ମଞ୍ଜିର ଗୁଣ, ଖୁବ୍ ଟାଣ।

ଆଜିଯାଏ ଜିଣି ପାରିନି କୀଟ, କୂଟ, ଧେଟଙ୍କ ଦାଉ ଭାଉ ହମହମ ଗଉଁ
ଜ୍ଞାନୀଏ ବି ଜାଣି ପାରିଲେନି ମୂଳ, ଚେର, ଡାଳ, ଅଗ
ଆମେ ଦଣ୍ଡିକିରି ନିମିତ୍ତ ମାତ୍ର ! କେମିତି ଜାଣିବା ଓଲଟ ବୃକ୍ଷର ଖେଳ
ଉପରେ ପହଁରିବା ଛଡ଼ା ଆମେ କି ଛୁଇଁପାରୁ ଅତଳ ବିତଳ
ମୁଣ୍ଡଟି ଅଛି ସିନା ଭିତରେ ଥିଲେ ତ ଜ୍ଞାନଘର, କିଛି ବୁଝିଲ ପୀତାମ୍ବର !

ଆମ ଭିତରେ କଥା ନ ଛିଡ଼ିବା ଯାଏ ଭୁଲ୍ ଠିକ୍ ଧରୁନି ପଣ୍ଡିତ ପ୍ରବର
ଏବେ ପୋଥି ଖୋଲ କ'ଣ କିଛି ଘଟିବାର ଅଛି କହିବ ତ !

ଜାଣେ, ସବୁଥର ପରି ଏଥର କହିବ କୃଷ୍ଣପକ୍ଷ ଦ୍ୱାଦଶ ଦିବସ
ପଞ୍ଚମରେ କେତୁ ସହ ଯୋଟ
ଅଢ଼େଇ ପହରକୁ ଘାତବାର, ଜାଣ ପଡ଼ିଲା ବିପାତ
ପୁଣି ଦୋହରାଇବ ପଦ ଦକ୍ଷିଣେ ଗାଜିବ ଉତ୍ତରେ ସାଜିବ, ମେରୁ ମେରି

ମରତ ଟଳମଳ ହେବ, ଯୋଗିନୀ ଘେନିବ ମୋହିନୀ ବେଶ
ପଛେ ପଛେ ମାଗୁଥିବ ଯୋଗୀ ପାଦକୁ ଶରଣ
ଭୋଗୀ ମାଗୁଥିବ ଅଭୋଗ ଯୋନୀରୁ କ୍ଷଣିଏ ସଂଭୋଗ
ଏଇଠି ଅଟକି କହୁଥିବି ଥାଉ, ଥୟଧର ପଣ୍ଡିତ ଶ୍ରେଷ୍ଠ
ଏଇଠୁ ଦଉଡ଼ିକି ସାପ ମଣି ଧରିଥା' ପଦାବଳୀ ଭାବ ଭବିଷ୍ୟତ
ଜାଣୁଥା, ପୋଥିରେ ଭଣିଛି ଯାହା ଜଗନ୍ନାଥ ଅଂଶରୁ ଅଚ୍ୟୁତ ।

ଆଉ କ'ଣ ଅଧିକ ଜାଣିବ ! ଜାଣିତ ସାରିଛ ମଂଜିପୋତି ପାଳିନାଳି
ବଢ଼ାଇଥିବା ଗଛରୁ ବାଡ଼ ଖାଏ କ୍ଷେତପରି ଫଳଭୂଞ୍ଜି ଆଗ
ସରସ୍ୱତୀ ବ୍ରହ୍ମାଙ୍କ ପ୍ରସଙ୍ଗ ଉଠାଇ ଟାଳିଛ ପାପର ଘଟଣା ପାମର ବାପ
ଦେଖିତ ସାରିଛ, ଖାତ ଖମା ଖତଗଦା ସାରା କି ସୁନ୍ଦର ଲାଲ୍‌ପଦ୍ମ
ତୋଳିଲା ବେଳକୁ ଲାଲ ଟୁକ୍‌ଟୁକ୍ କନ୍ୟାଭ୍ରୂଣ
ଶୁଣିତ ସାରିଛ, ମଞ୍ଚରେ ଫୁଟି ଫୁଟାଣିରେ ଭର୍ତ୍ତି ଦାତାପଣ
ମଣିଷ ଚାଲାଣରେ ଧରାପଡ଼ି ରାସ୍ତାରେ ଗଡୁଛି ମାଦଳସମ
ପଣ୍ଡିତେ ! ଯେତେ ଘାଣ୍ଟିବ ଘାଣ୍ଟ ଆବର୍ଜନା, ଭଣଭଣ ଗନ୍ଧ ଛଡ଼ା
ମିଳିବ କି ଜୁଇ ଜାଇ ମଲ୍ଲୀବାସ
କହୁନା, ଆଉକିଛି ଅଛପା ଅଛି କି କିଏ ହାର କିଏ ହତିଆର
କିଏ ଦାରୀ କିଏ ମୁରାରୀ, କିଏ ଅତର କିଏ ଆଇଁଷ
ଜଗତୀକରଣର ଜୁଆଖେଳ ଜଣେଇ ସାରିଛି କଞ୍ଚା ଲଙ୍କାପରି ଦୁନିଆଁ କଅଣ !

ଏମିତି ଏକ ଦୁନିଆଁରେ ଆମେ କିଛି ନିତିନିତି ଖସିପଡୁ ଭାଗ୍ୟର ଗଛରୁ
ଲୁହ ଆଉ କୋହର ବଉଳ, କରୁଣ କାକୁସ୍ଥ କଢ
ଦୁଃଖର ମହାନଦୀ ଖର, ଭୋକର ନିଆଁରଡ଼, ପାଗଳ ପବନ
ରଖେଇ ଦେଉନି ଅର୍କ୍ଷିତ ଆୟୁଷରେ ଇହକାଳ
କହିବ ତ, କାଲିକି କମିବ କି ତେଲ ଲୁଣ ଚାଉଳର ଚଢ଼ାଦର
ନାଲିଫିତା ଫାଇଲ୍‌ର ଗୁହାଳରୁ ଫିଟି ଆସିବ କି ଦାରିଦ୍ର୍ୟ ଦୂରୀକରଣ
ଯୋଜନାର ଜର୍ଶିଗାଈ ପଲ
ଗଦି ଗାଦି ଗାନ୍ଧିବାଦର ବ୍ୟାଧ କବଳରୁ ପାଇବୁକି ମୁକ୍ତି ଛାର୍ ମୃଗଦଳ ।
ନ' କଣା ଡେଇଁ କରିପାରିବୁ କି ଦିଅଁ ଦର୍ଶନ ଆମେଯେତେ ପୂଜାପାଠ

ଶାସ୍ତ୍ରରେ ନାହୁଁ ତମ ପାଣ ରଘୁ ମେହେନ୍ତର
ପୋତାହେବା ବଦଳରେ ମାରା ଯେତେ ଷାଠିଏ ପଉଟି ହେବ କି
ଭୀଷଣ ଭୋକ ପାଇଁ ଭାତ
ଫେରିପାଇବୁ କି କିଡୀନ୍, କଲିଜା, ଘରଝିଅ, ବିକ୍ରିଶିଶୁ, କ୍ଷେତଖଳା
ବିଲବାଡ଼ି, ଗାଁ ଗଣ୍ଡା, ହାତକୁ ପାପୁଲି
ଚଉକିର ଚାଲାକରୁ ଧର୍ମର ଧମକରୁ ମିଳିବ କି ତ୍ରାହି, ପଢ଼ିବ ତ !
କେମିତି ଭଣିଛି ଆମ ଭବିଷ୍ୟତ ନେମାଳ ମଠରୁ ଅଚ୍ୟୁତ ।

ଥାଉ, ପୋଥି ରଖ ପଣ୍ଡିତେ ! ଭୟ ଭଉଁରୀ ଭ୍ରମରେପଡ଼ି ବରି ସାରିଲୁଣି
ବିପଦ ପରେ ବିପଦ
ବିରାଡ଼ି କି ବାଘଭାବି ଭରିଲୁଣି ଛାତି ତଳେ ଥାକଥାକ ଡର
ନଉକା ନାୟିକା ହେବା ଆଶଙ୍କାରେ ଧୋଇଲୁଣି ଢେର୍‌ଢେର୍ ପାଦ
ତେଣୁ ପଚାରି ପାରିଲୁନି ପୃଥ୍ୱୀକି ପ୍ରଥମେ ଆସିଛି ଠାକୁର ନା କୁକୁର
ଗଢ଼ା ହୋଇଛି ଆଗ ଘର ନା ଦେଉଳ
କହି ପାରିଲୁନି ସତକୁ ସତ ମିଛକୁ ମିଛ
ତେଣୁ ଲମ୍ପଟକୁ ରାତି ଭଲ, ଭଲ ପୁଣି ବିଟପୀକୁ ସ୍ୱାମୀର ମରଣପରି
ମାଲିକ, ମାମଲତକାର୍, ମତଲବୀ, ମଧ୍ୟସ୍ଥିଙ୍କ ସୁହାଇଛି
ଆମରି ମୁହଁର ମଉନ ବେଶ ।

ଆଉ ନୁହେଁ, ଏବେ ପରିଧିରୁ ପାରିଧିକି ଯିବାରବେଳ ଫିଟି ସାରିଛି ବାଟ
ଆମେ ଆମ ରକ୍ତରେ ଲେଖିବୁ ଲୋହିତ ଗୀତ, ମା' ରାଣ, ନିଜ ମରଣ
ତମେ ତମର ଯେତେ ନେଉଛ ନିଅ ନିଶ୍ୱାସରେ ମାଳିକା ମହକ
ବରୁଛ ବର କଲ୍‌କୀ ଅବତାର
ଯୋଗିନୀ, ମୋହିନୀଠି ଲଗାଇଦିଅ ବଳି, ବଉଳପାଟ, ଆମକୁ ଛାଡ଼ ।

■

ନିଜକୁ ଗାଈ ମନେକରି

ଗାୟମୋଟ ତିନିଜଣ, ମାନିଲେ ନାହିଁ କାନମୁଣ୍ଡ ହଲେଇବାର
କରୁଣ ସଂକେତ, ନାଇଁ ନାଇଁର ନିରବ ବାରଣ।

କେହି ଦେଖିଲେ ବେକମୂଳ, ତଳିପେଟ, ଆଉ କେହି ପହ୍ନା, ପଦ୍ମଦ୍ୱାର
କେହି ଆୟୁଷର ଅନ୍ଦାଜ କରି କେତେ ବିହାଣର ଗାଈ ଇଏ
ପରଖିଲେ ଚେର, ଚଅଁର, ଚମର ଚେହେରା
କ'ଣ ଜାଣିଲେ କେଜାଣି ଛିଡ଼ିଲା ମୂଲଚାଲ, ବାପା ଗଣିଲେ ଟଙ୍କା
ବିକ୍ରି ହେଲା ବଉଳା।

ଶାଳ ପିଆଶାଳ ଗଛର ଗରପରି ଟ୍ରକ ଡାଲାରେ ଲଦା ହେଲାଣି ମା'
ସକାଳ ପହରୁ ଯେଉଁ ମୁହଁ ଦିଶୁଥିଲା ଫୁଟି ଆସୁଥିବା ପିଜୁଳି କଢ଼
ସେହି ମୁହଁ ଦିଶିଲାଣି ଲିଭିଲା ସଂଜଦୀପ, କଳାଖେଣ୍ଟା ଅଙ୍ଗାର ବେଶ
ଆଗରୁ ମୁନିବ ଖୋଇ ଦେଉଥିଲେ ଘାସ, ଦୁହୁଁ ଥିଲେ ଦୁଧ
ମା' ତ ହସୁଥାଏ କିରିକିରି
ଆଜି କଥା କ'ଣ କି! ବୁଝି ପାରୁନି ବର୍ଷକର ମାଈ ବାଛୁରୀ।

ଏଣିକି କୁଆଡ଼େ ଯିବ କେଜାଣି, ବର୍ଦ୍ଧମାନ କି ଅଗରତାଲା
ଯୁଆଡ଼େ ବି ଯାଉ ସବୁଠି ଥିବ ବିନ୍ୟାସ ବଦଳରେ
ମାଇଲ୍ ମାଇଲ୍ ବିନାଶର ଲହଲହ ନିଷ୍ଠୁର ନିଆଁର ନଈ
ନଥିବ ବିକାଶ ଥିବ ମହଣମହଣ ବିଳାସର ସୁରାର ସୁରେଇ
ସେଇଠି ଭାଗ ଆଉ ଭୋଗରେ କିଏ ଲାଗିବ କେଉଁ କାଳୁ

ତିଆରି ସରିଛି ତାଲିକା
କେବଳ ପାଳି ପଡ଼ିବାର ଅପେକ୍ଷାରେ ଥାଏ କ୍ରମିକ ନମ୍ବର
ଏଥିରୁ କ'ଣ ବର୍ତ୍ତି ପାରିବ ବଉଳା ନା ଆଉ କେହି
ପୂର୍ବ ନିର୍ଦ୍ଧାରିତ ପଂକ୍ତି ଅନୁଯାୟୀ ।

ଦିନେ ସାର୍ କହିଥିଲେ ନିଜକୁ ଗାଈ ମନେକରି ଗୋଟେ ରଚନା
ଲେଖ ପିଲାଏ, କେଡ଼େ ଅସଂପୂର୍ଣ୍ଣ ଲାଗିଥିଲି ସେଦିନ
ଲାଗୁଥିଲି ଅକ୍ଷରରେ କେତେ ମୁଁ ଅର୍କ୍ଷିତ
ଆଜି ଜୀବନର ମହାବିଦ୍ୟାଳୟରେ ଯେତେଯେତେ ନିଜକୁ ପଢୁଛି
ସେତେସେତେ ନିଜ ଭିତରେ ଘନଉଛି କେଉଁ ଏକ ଆଷାଢ଼ର
ଭାରି ମେଘରାତି
ତା' ଭିତରୁ କେମିତି କେଜାଣି ଉଠି ଆସୁଛି ଓଦା ଉଦାସ
ଗୋଟେ ଅକପଟ କାଳି ଗାଈର ଆତ୍ମ କାହାଣୀ
ଘାରୁଥାଏ ଘେରୁଥାଏ ସଘନରେ ସାରାରାତି, ନିଜେ ଘେନୁଥାଏ
ଯେପରି ଏକ ଗାଈର ଆକୃତି ।

ମୋ ଭିତରେ ଛାଏଁ ଯାଉଥାଏ ଜଳି ବୟସର ଚନ୍ଦନ ଗଛ
ଲାଗୁଥାଏ, ଗଲା କାଲିଯାଏ ଜୀଇଁ ଆସିବା ନିଜ ପାଇଁ କେଡ଼େ ମିଛ ।

ଏତେବେଳେ ଘୋଟି ଆସୁଥାଏ ମେଘ ଆଉ ମାଘମାସ ପରି
କୁହୁଡ଼ି କାକର କୋହଲା ପାଗ
ଓଦାହୋଇ ଯାଉଥାଏ ଯଉବନର ରଙ୍ଗ ମେଲଣ
ମନ ମରମର ଚେର ଧରିଥିବା ନୂଆ ନୂଆ କଳ୍ପନା ଗଛରୁ
ଖସି ପଡୁଥାଏ କେତେକେତେ ଖୁସିର ଆମ୍ବ ବଉଳ
ମନେ ହେଉଥାଏ କେଉଁ କାଳରୁ ଖୁଣ୍ଟରେ ବନ୍ଧା ହୋଇଛି
ଏପରି ଜନ୍ମ ଯୋଗର ନାରୀପଣ ଯେମିତି ଗୋଟେ ଡଉଲ ଡାଉଲ
ଚମ୍ପା ରଂଗର ଗାଈ
ଚଉପାଖରେ ଘେରିଛନ୍ତି ବ୍ୟଙ୍ଗ ବିଦ୍ରୂପର ବେଲେଜ୍ୟା କଂସେଇ ।

ଜଣ ଜଣ କରି ଯେମିତି ମାପି ନେଉଥିଲେ କେଶବତୀ କନ୍ୟାର
କେତେ ହାତ କେଶ, କେତେ କମନୀୟ କୁଆଁରୀ ବେଶ
ପଦ୍ମପାଦ, ସିଂହକଟୀ, ସ୍ନିଗ୍ଧ ଓଠ, ବକ୍ଷଭାଗ
ବଂଶ ବିସ୍ତାର ପାଇଁ ଉର୍ବରତା, ନଈ ଆଉ ନିଆଁରେ ନଇଁ ପଡ଼ିବାର ଦକ୍ଷତା
ସେମାନଙ୍କ ଚାତୁରୀ, ବାହାଦୂରୀ ଜଣେଇ ଦେଉଥିଲା ଯେପରି
ଭଦ୍ରା ! ଶାସ୍ତ୍ର, ସଂହିତା କହିଛି ଏ ପରମ୍ପରା
ପାଟି ଖୋଲିଲେ ଚିତ୍ରିଣୀ, ହସ୍ତିନୀ, ମୂଢ଼ା, ମୁଖରା
ଜନ୍ମ ଜାତକରେ ଏ ନାରୀ ନିଆରା, ଆଚରଣରେ ଶୂଦ୍ରା ।

ଏତେବେଳେ ମନେ ପଡୁଥିଲା ବିକ୍ରି ହୋଇ ଯାଇଥିବା ବଉଳା
ଧୀରେ ଧୀରେ ପାଲଟି ଯାଉଥିଲି ନିଜେ ଗୋଟେ ଗାଈ
ବଉଳା ଆଉ ମୋ ଭିତରେ ଫରକ କ'ଣ ଶ୍ୟାମଳୀ, କହ ତ !
ଏବେ ନିଜକୁ ଗାଈ ମନେକରି ଲେଖି ପାରିବି ରଚନା
ଅନୁଭବର କଥା ଇଏ
ଗାଈ ପରି ନହେଲେ କିଏ କାହିଁକି ଲେଖିବ କାଳି ଗାଈର ଆତ୍ମ କାହାଣୀ ।

ଆଉ ଗାଈ ନୁହେଁ । ନିଜକୁ ଅହଲ୍ୟା, ସୀତା, ଦ୍ରୌପଦୀ, ବୃନ୍ଦା ମନେକରି
ଗୋଟେ ରକ୍ତର ରଚନା ଲେଖିବାକୁ ହେବ; ପଶାଖେଳରେ ବାଜି ଲଗାଇବାର
ଅଧିକାର କେଉଁଠୁ ପାଇଲେ ପଞ୍ଚପୁରୁଷ ! ସ୍ୱାମୀଙ୍କ ବେଶ ଘେନି
ପ୍ରାତଃ କାଳରେ ମାୟାରେ ମତ୍ତହେବା ପରପତ୍ନୀ ସହ, ଇଏ କି ଅକଲ !
ଦିନରେ କୁହୁଡ଼ି ଘୋଟାଇ ନାବାଳିକା ସହ ମିଥୁନ ରଚିବା କେଉଁ ଶାସ୍ତ୍ର ମତ !
ସତୀତ୍ୱ କେଉଁ ନଈର ଗୀତ, କେଉଁ ନିଆଁର ନିଭୃତ
ଯେଉଁଠି ପରୀକ୍ଷା ଦେବାକୁ ପଡ଼େ ବାରମ୍ବାର, ଧେତ୍ ଧିକ୍‌କାର ।

ଏସବୁ ଅକ୍ଷର ଅନାବାଦିରେ ସୁବିଧାବାଦୀଙ୍କ ବାରବାଟୀ ଚାଷ
ସାହିତ୍ୟ, ସଂସ୍କୃତି, ଶାସନରେ କେଉଁ ଯୁଗରୁ
ତିଆରିସରିଛି ଗୋଟେ ଗଳାବାଟ, ଭିତରେ ସାଧୁଙ୍କ ଅପେକ୍ଷା ସୈତାନ ଅଧିକ
ସେଇ ବଳ ଆଉ କଳରେ ଏତେ ବାହାନା ଏତେ ଆଦେଶ

ଆଦେଶ ପଛରେ ଏଣିକି ଦେଖିଲୁଣି, ଯେମିତି ବୁଢ଼ାବାଘର ଉଦ୍ଦେଶ୍ୟ
ସେମିତି ଦିଶୁଛି ମନ୍ଦ ଅଭିଳାଷ।

ଏତେ ବାହାନା କରି କେତେ ହଜାର ବର୍ଷ ହେବ ଏମିତି ଚୁମିବା, ଚିମୁଟିବା
ଚିଆଁଦେବା ବହୁତ ହେଲାଣି, ଭୋଗ ଭାଗରେ ଖୁବ୍ ଲାଗିଲୁଣି
ଏଥର ଉଠ ଯିବା
ତେଣେ ମଧୁଶାଳାରୁ ପକ୍ଷ ମେଲିଲାଣି ମୋକ୍ଷିକା
ମହମ ଗୃହରୁ ଅଗ୍ନିକା, ନାଗରୀକା
ଓଢ଼ଣୀର ଅନ୍ଧାର ଆଡ଼େଇ ବଧୂ, ବୁର୍ଖାର ବେଖାପ ଭିତରୁ ନଜ୍‌ମା, ସାରିକା
ଜାତି ବର୍ଣ୍ଣ ଗୋତ୍ର ଗୋଠରୁ ଫିଟି ଆସିଲାଣି ଅନ୍ୟା, ଅନାମିକା, ଆଧୁନିକା।

ଉଠଯିବା, ସେମାନଙ୍କପରି ମୋର ମଧ୍ୟ ବେଳ ହୋଇଗଲାଣି, ଚୋରା ଚାହାଣିରୁ
ମୁଁ ଫିଟି ପଡ଼ିବି ଚିଆଁ, ଚମକ, ଚମତ୍କାରପରି ଚେତନାରୁ ଚରିତ୍ର ଏକ୍ଷଣି
ଜଣେ ଚତୁରିକା, ଏଥର ଉଠ ଯିବା।

ଭାଙ୍ଗି ପଡୁଛ କି ଚକ୍ରଧର !

ଏ ସନ ବି ପାଣିରେ ଗଲା ଖତସାର, ହାତଉଧାର, ମନଖୁସିର ପଦେଅଧେ ଗୀତ
ଗଲା, ଏକା ରାହାରେ ପିଲା ପିଲିଙ୍କର ହସ କେରାକ
ଆମ ଛୋଟ ମୋଟର ରଙ୍କପଣ ବର୍ଷକ ଆହାର
ହଇହୋ ଚକ୍ରଧର, କିଏ ଅଟକାଇବ କହୁନ !
ଖାଲି ପାଗଯୋଗ ପାଳକ ସୁହାଇଲେ ତ ହେବନି, ଯଦି ମଞ୍ଜିଟା ମୂଳରୁ
ଅକର୍ମା ଅଟାଣ, କେମିତି ଫୁଟିବ କପା ଗଛରେ ଫୁଲ
ଯଦି ରୁଆ ବେଉଷଣ ଆଗରୁ କଥା ଛିଡ଼ିଥିବ ମଣ୍ଡି ମାଲିକ ସ'
କେମିତି ବଢ଼ିବ ଧାନଦର, ଏବେ ଅସଲ କଥା କେଉଁଠି ଜାଣିଲ ତ !

ଦିନେ ପିଆଜଦର ବଢ଼ିଗଲା ବୋଲି ଭାଙ୍ଗିଗଲା ସର୍କାର, ଏବେ କାହିଁ ସେ ବେଳ
ନା କାହାର ବେଳଅଛି ପଢ଼ିବାକୁ ଛାତି ତଳର ଓଦାଓଦା ଫେରାଦ
କ'ଣ ନା ଛୁଟିରେ ଅଛି କୃଷି ଅଫିସର ବ୍ୟସ୍ତ ଅଛନ୍ତି ଜିଲ୍ଲାପାଳ
ଆମର ତ ଛୋଟ ମୁଣ୍ଡ କେତେ ଆଉ ସମାଳିବ
କାଢ଼ିଆ କରଜରେ ବୁଡ଼ିଛି କଲିଜା ଘର, ଝାଇଁ ମାରୁଛି କପାଳ
ଡ଼େଇଁବ ଡ଼େଇଁବ ବୋଲି ରକ୍ତରାଣ ଆଗପଛ ହେଉଛି ବାଇଆ ବାତୁଳାମନ
ରକ୍ତ ମାଂସ ହାଡ଼ର ଛଳଛଳ ବଖରା ଭିତରୁ ବିବେକ ବୁକୁ ଯେତେ କହିଲେବି
ଥୟ ଧ', ହେଲାନି ବୋଲିତ ମଗଜର ମଉଡ଼ରୁ ଖସି ପଡ଼ିଲା ଧର୍ଯ୍ୟ
ଚାହୁଁ ଚାହୁଁ ଆମ ଭିତରୁ ଚାଲିଗଲେ ଗଙ୍ଗାରାମ, ଡମ ମେହର ।

ଭାବୁଛ କି ଡରିଗଲେ, ନାହିଁ ହୋ ଚକ୍ରଧର ! ଆମପାଇଁ ଅଛି ବହୁବହୁ
ବ୍ୟାଧ ରଚିତ ଜାଲ ବିଛେଇବାର ଜଟିଳ ସୂତ୍ର, କରାମତ

କେବେ ଅଭାବି ଧାନ ବିକ୍ରି ତ କେବେ ନକଲି ଔଷଧ, ପଲିପ୍ୟାକ୍ ମଦ
କେବେ ଥିବଥିବ ବଢୁଥିବ ତେଲ ଲୁଣ ଚାଉଳର ଦରଦାମ
ଅଦିନ ମେଘପରି ଦୁମ୍‌ଦୁମ୍ ବର୍ଷି ଯାଉଥିବ ସୁଧସୁଧ କହି
ମହାଜନର ଘୋର ଜୁଲମ୍, କହୁନ ଏଥିରେ ବଞ୍ଚି ହେବ ତ !

ରାତିରେ ଫୁଟି ସକାଳକୁ ଝଡ଼ି ପଡୁଥିବା ଫୁଲପରି ଆମ ଅବେଳା ମରଣ
ଯାଇତାହି ନୁହେଁ ମ, କିଛି ନା କିଛି ଗୋଟେ ଘଟିବ ମୃତ୍ୟୁର ପରଦିନ
ରତି ରତ କୁକୁରଙ୍କୁ ପିଲାଏ ଫିଙ୍ଗୁଥିବା ଟେଳାପରି ଖୁଚୁରା ପଇସାର
ପ୍ରତିବାଦରେ ଭରିଯାଇଥିବ ବିଧାନଗୃହ ମୁଖିଆଙ୍କ ଟେବୁଲ ଅରାକ
ବସିବ କମିଶନ, କପା କିଆରି ଧାନ ବିଲ ଆଡ଼େ ଘଡ଼ିକେ ଘୋଡ଼ା ଛୁଟୁଥିବ
ସାକ୍ଷୀ ସମନ ନିଲମ୍ବନର ଚାଲିଥିବ ଗୋଟେ ମଧୁର ମିଛର କପଟ ଖେଳ
ଆହୁରି ଆହୁରି ଜମୁଥିବ ଭୁବନେଶ୍ୱର।

କହିବ ତ, ଏ ସଭାଙ୍ଗବା ଧାଁ ଧଉଡ଼ରୁ କ'ଣ କିଛି ବୁଝୁଛ ! କଅଣ ନା
ତାଙ୍କୁ ଫୋପାଡ଼ ଘିନାକର ଆମକୁ ଘେନ କୋଳଦିଅ
କି ଭରସା ହୋ, ଉଭୟ ତ କୁମ୍ଭୀର ମାଙ୍କଡ଼
ଜଣେ ଖାଉଥିଲେ ସାରା ଜାମ୍ବୁଗଛର କୋଳିପରି ଯୋଜନାର ଫୁଲକଢ଼
ଆର ଜଣକ ଖାଉଥାଏ ନଈଯାକର ମାଛପରି ଦେଶ ଜାତି ପ୍ରଗତିର ନାଭିନାଡ଼
ଶଳେଙ୍କର କେଉଁଟା ବିଷ ବିଶ୍ୱାସ କେଉଁଟା ହସ କେଉଁଟା ଦୋଷ
ଆଉ କିଛି ଅଜଣା ଅଛି କି ଚକ୍ରଧର !

ଆସ ଯିବା ତ, ଅଇଲାବେଳେ ଶାଗଭଜାପରି ସକାଳର ଖରା ଆଶା ଅନିଶାର
ନେଉଟ ବେଳକୁ ପାଣି ପେଜପରି ମୁହଁସଞ୍ଜ ଅଯୋଗର
ଘର ଧରିଥିବା କି ନାହିଁ ଘମାଘୋଟ ଅନ୍ଧାର ଜଞ୍ଜାଳର, ଏ ନୂଆ ନୁହେଁ ମ !
ଏହାର ଦୁଃଖ ସୁଖ ଭଣି ଲାଭ କଅଣ
ଛାଡ଼ ଭାଇ, ଆପେ ବଞ୍ଚିଲେ ବାପର ନାଁ ଆମର ଗାଁ ଗୋତ୍ର ଅମାନତ
ରହିଲା ଜାଣ, ରହିବ କି ନାହିଁ କିଏ ଜାଣେ
ଘର ଧରିବା ଆଗରୁ ହୁଏତ କେହି ବାଟସାରା ଆଙ୍କି ଦେଇଥିବ
ଅବିକଳ ଆମ ପାଦଚିହ୍ନ, ଦେଇ ସାରିଥିବ ଭୋକ ଖଣ୍ଡିକ

ହଡପ ହୋଇସାରିଥିବ ଛେଳି କୁକୁଡ଼ା ଗାଈ ଋଣ ଇନ୍ଦିରା ଆବାସ
ବିକ୍ରି ହୋଇଯାଇଥିବ ଖଳା ବାଡ଼ି କ୍ଷେତ ଅରାକ, ଝିଅ ହୋଇଥିବ ଅପହରଣ
ମୁଣ୍ଡ ଜାମିନିରେ ଥିବ ଝାବଡ଼ଙ୍କ ନଜରରେ ଆମ ହସ କାନ୍ଦର ଦିନଗୁଡ଼ିକ ଭାଇ
ମଲାରେ ମଣିଷ ପାଦେପାଦେ ବିପଦ।

ଜାଣିଛ ତ, ରତନ ଦା' ଛାଡ଼ି ଦେଇଛି ଗୁଜୁରାଟ, ସନା ଫେରିବନି ଆସାମ
ସ୍ଥାନୀୟ ଦେଶପ୍ରେମୀ ତଡ଼ିଦେଲେ ତମ ପାଣି ପବନ ମାଟିକି ଯା'
ପାହାଡ଼ ଝରଣା ବଣ ଜଙ୍ଗଲ ବିଲବାଡ଼ି ବିକୁଛି ସର୍କାର
ବିକ୍ରି ପଇସାରେ ଅୟସ କର ମେଢ଼ ମଣ୍ଡପପରି ଜମ୍ଭେଇ ଦିଅ ଜୀବନ
ଏଠୁ ହଟ, ଆମ ପାଣି ପବନ ଆମକୁ ନିଅଣ୍ଟ।

ଏବେ କୁଆଡ଼େ ଯିବା ହୋ ଚକ୍ରଧର! ଏଣେ ଅଗଣାସାରା ପଡ଼ିଛି ଠା' ଠା'
ଜୀବନ ଯାପନର ବର୍ବାଦ ପକ୍ଷୀବସା, ହାରାମୀଙ୍କ କପଟପଶା
ମଥା ଉପରୁ ଋଣଭାର, ଭେବଲା ଦୁଃଖ, ଆଖି ହଳକରୁ ଅମଡ଼ା ବାଟ
ମାରକ ଦଶା କେହିହେଲେ ନିଅ
ନାଇଁ ନାଇଁ, ସ୍ତ୍ରୀ କହୁଥାଏ ଅଯୋଗ୍ୟ ପିଲାଏ କହିଲେଣି ଜନମ ଦେବା
ସଉକ କି ଫେସନ ନୁହଁ, ନିଜ ବୋଝ ନିଜେ ସମ୍ଭାଳ
ତମେ ଅଛ ତ ଆମେ କିଆଁ ଯିବୁ ନିଆଁ ନଈ ନରକ, ଜାଣିଲତ
ଲୁଣ ଠାରୁ ବଳେଇ ଗଲାଣି ଏମାନଙ୍କ ଗାରିମା ଗଉଁ ହାରାମୀ ଗୁଣ
ଅଥଚ ବିନା ଦୋଷରେ ଭୋଗୁଛି ବିଷାଦଯୋଗ ବିଚରା ପିତୃପ୍ରାଣ।

କିହୋ, ଭାଙ୍ଗିପଡୁଛ କି ଚକ୍ରଧର! ସେମିତି କିଛି ବଡ଼ ଧରଣର କ୍ଷୟକ୍ଷତି
ହୋଇନି ମ, ଏମିତି କେହି କ'ଣ ହଜେଇ ଦେଇନି ଖୋସଣିରୁ ଟଙ୍କା କେଇଟା
ଖୋସାରୁ ମୁଣ୍ଡକଣ୍ଟା, ଜାନି ଜାତରାରେ କାହାର ହଜିନି କ'ଣ କାନଫୁଲ
ତୁଠରେ କେହି କ'ଣ ଛାଡ଼ି ଆସିନି ମୁଦି କି ପାଉଁଜ
ହେଇହେଇ ଆମର ସେମିତି ହଜିଯାଇଛି ଜୀବନରୁ ଅଯଥାରେ ଅଧେ ଆୟୁଷ
ଅଛି ତ ଆର ଅଧକ, ଦେଖାଯିବ ଭଲେଭଲେ ବିତୁଛିକି ନାହିଁ ବଳକା ଦିନ
ମିଳୁଛି କି ନାହିଁ ଆପଣା ହକ୍, ଦେଖାଯିବ।

■

ଗୋଟେ ଗାଆଁର ଦୃଶ୍ୟ

ୟା' ଭିତରେ ଶ୍ରାବଣ ଯାଇ ଭାଦ୍ରବ ହେଲାଣି, ଅଥଚ ଫୁଲ ଉଢ଼େଇବାର
ନାଁ ଧରୁନି ଧାନଗଛ।

ବିନା ପାଣିରେ ଅମଳ ହବାର ଚିନ୍ତା କେମିତି କରିବ ରଇତ!
ପାଣି ପାଇଲେ ତ ମଞ୍ଜା ଭେଦି ଶିହରି ଶିହରି ସ୍ୱର ଧରିବ
କଢ଼ର କୁଆଁରାବ
ପରେ ଜାଣି ଫିଟି ପଡ଼ିବ ଶସ ଧରିବାର ଗୋପନ ଗୀତ
ହଇଓ ପଧାନେ!
ଏତେ ଦିନର ଘରୁଆ ଲୋକ କେମିତି ଜାଣୁନା ଏତକ।

ଆଜି ବର୍ଷା ହବାର ଥିଲା ହେଲାନି, ଧୂଳି ଧୂମାଳରେ ମିଳେଇଗଲା
ଉତ୍ତର ମେଘ
କାଲିକି ହବ କି ନାହିଁ କିଏ କହିବ
କେବେ କହିଚି କି ଯକ୍ଷନାରୀ, କାଳିଦାସ, ଅଚ୍ୟୁତ
ମାଳିକା ହେଉ କି ମେଘଦୂତ ଦେଖିଲ ଆଗ, ଅବଶ୍ୟ ପଦିଏ ଅଧିଏ
କଅଣ କିଛି ଲେଖା ଥବ ତ!

ଟିକେ ଭଲକରି ଭେଦ, ଭେଳିକିରେ କି ଭଉଁରୀରେ ପଡ଼ିନା ତ!
ନାଇଁ ମ, ଏ ସନ କେଲୁଣୀ ହାତରେ ଅରହା
ବୁଢ଼ୀ ଚାହିଁବ ତ ଶିକ ଛୁଇଁବ ପାଳକ, ଘିଅ ମହୁରେ ଲୋଟିବ କପାଳ
ଦେଖାଯାଉ କ'ଣ ଫଳୁଚି ଏ ସନ, ସୁଖ ଅବିରତ ନା ଦୁଃଖ ଅପ୍ରମିତ!

ଆଗତ କଥା ଆଜି କାହିଁକି, ଏବେତ କାମ କରୁନି ପାଣିକଳ
ଗହିର ବିଲରେ ଶୁଖିଫାଟି ଗଡୁଚି କେନାଲ
ଫାଇଲ୍ ଭିତରେ କେବେଠୁ ପଡ଼ିଚି ଗାଁ ଲୋକଙ୍କ ଫେରାଦ
କୋଉ ବୁଝିଲା ସର୍କାର, ନିଶରେ ହାତମାରି ହାଲ୍ଲା କରୁଚି ହାରୁ ସରପଞ୍ଚ।

ଶଳା ଅଚଳ ଅଧୁଲିଟେ କଷୁଚି ଦର। ରହ ରହ ବାବୁ ଯାଇଛି
ପାଣି ପାଇଁ ଭୁବନେଶ୍ୱର, ପାଣି ଆସିବ ଅଲବତ୍ ଆସିବ
ୱାର୍ଡ଼ ମେମ୍ବର ରୋବାବରେ ଦୁଲୁକୁଚି ଛକ।

ଏଠି ଚଳେ ବୁଲି ସକାଳର ରକ୍ତ ଚାଉଳ ରାଗରୋଷ ସଂଜକୁ ନାଇଁ
କେବେ ଦେଖିଚ କି ପୁଲିସ୍ ଖାତା, ମିଳିବନି ଧାଡ଼ିଏ ବୈରୀଭାବ
ବରଂ ନାଲିଗାର ପରି ମହୁ ମୁହାଣର ଥିବ ଗୋଟେ ମିତ୍ରପଣ
ଦେଖୁନ, ଆଜି ଦନେଇ ବୁଢ଼ାର ଭୋଜିଭାତ-ଭୁଂଜିବାରେ ଗାଁ ଲୋକ
ପାଞ୍ଚ ଯାଇ ଛଅକୁ ପଡ଼ିଚି ପଙ୍ଗତ।

ଆଜି ନାଚ ପେଣ୍ଡଲରେ ଅଢ଼େଇ ପହରକୁ ଜମିବ ରାବଣ ବଧ
କାଲିକି ନଣ୍ଡା ଦେଉଳରେ ଠାକୁର ଘେନିବେ ମୀନବେଶ
ପରଦିନଠୁ ଆରମ୍ଭ ସପ୍ତାଏ ରାସ
ତେଣିକି ଖଳାରୁ ଉଠୁ କି ନ ଉଠୁ ଧାନ ଗଣ୍ଡାକ
ପଡ଼ିବ ଦୋଳଯାତ, ପାଞ୍ଜିପାଠ
ପରେ ପରେ ଚଇତ ପରବ, ଏତିକିରେ କୋଉ ସରେକି
ଏମିତି ଚାଲିଥିବ ଲକ୍ଷ୍ମୀପୁରାଣ, ମଙ୍ଗଳାଚରଣ, ମନବୋଧ ଚଉତିଶା
ବର୍ଷକ ବାରମାସ।

ଏତେ ମାୟାର ମହମହ ସୁଗନ୍ଧରେ କାହିଁକି ମାତୁଚ ଭାଇ !
ମାୟାତକ କାଲିକି ହବନିତ ଆଖିପାଇଁ ମହରଗ, ଶୋକର ଓହଳ
ମାୟାତ ବେଳେବେଳେ ଉଦୟ ଅବିର ଆଉ ବେଳେ ଅଙ୍ଗାର ଗାର
ଦେଖାଯାଉ, ହେଜୁଚି କି ନାଇଁ ଛାତିତଳ ଚେତୁଚି କି ନାଇଁ ମନଘର।

ଆଜି ଗାଁ ଉପରେ ଉଡୁଥିଲା ହେଲିକ୍ୟାପ୍ଟର, ଦେଖିଚତି !
ଭିତରେ କିଏ ଥିଲେ କେଜାଣି
ଉପରେ ତ ଉଡ଼ନ୍ତି କୃଷ୍ଣ, କ୍ଲିଣ୍ଟନଙ୍କ ପରି ବଡ଼ବଡ଼ ଲୋକ
ହେଲେ ହେଇଥିବ ମୁଖ୍ୟମନ୍ତ୍ରୀଙ୍କ ସହ କୋଉ କମ୍ପାନୀ ମାଲିକ
ଜାଣିଚତି, ଅବେଳାରେ ମୁଣ୍ଡ ଉପରେ ଶ୍ୱେତ ଶାଗୁଣା ଉଡ଼ିବା ଯାହା
ଉଡ଼ାଜାହାଜ ଉଡ଼ିଲେ ବି ତାହା, ବିପଦ ବିପଦ !

ଶୁଣିନା କି ଆଂଚଳିକ ସଂବାଦ, ଏଠି ବସିବ ଗୋଟେ ଇସ୍ପାତ ନିଗମ
ନିଗମତ ନୁହଁ, ଜମି ଜଳ ଜଙ୍ଗଲ ପାଇଁ
ନିଆଁ ଆଉ ନରକର ଯମ ।

ଏଠି ଓଡ଼ିଶାର ଗୋଟେ ଗାଁ ଥିଲା, ବର୍ଷ କେଇଟା ଯାଇଥିବ କି ନାହିଁ
କେଉଁ ଚିହ୍ନର ପ୍ରମାଣ ଥିବ ଯେ ଜାଣିବ ପର୍ଯ୍ୟଟକ
ଚାଳଘର, ଝୋଟି ଚିତାର କାନ୍ଥ, ମଥାରେ ଅଧେ ହାତର
ଓଢ଼ଣା ଥିଲେ ତ !

ଏଠି ଗୋଟେ ଓଡ଼ିଆ ଗାଁ ଥିଲା, କେଉଁଥିରୁ ସୂଚନା ପାଇବ ଗବେଷକ
ଖାଣ୍ଟି ଓଡ଼ିଆରେ ବାପା ବୋଉ ପଦିଏ ଡାକର ଚମକ ଥିଲେ ତ !
ଶହେବର୍ଷ ପରେ କେମିତି ବଖାଣିବ ମାଷ୍ଟ୍ରେ, ସମୁଦ୍ର ସନ୍ନିକଟ
ଗୋଟେ ବିଲୁପ୍ତ ଗାଁର ଦୃଶ୍ୟ ପିଲାଏ ଡ୍ରଇଁ ଖାତାରେ ଆଙ୍କି ପାରିବେ ତ !

■

ଜୋତା

ତମ ଭାଗ୍ୟ ସହିତ ମେଳ ଖାଉଚି ମୋ କର୍ମକଷଣ, ଥରହର ବଂଚିବାପଣ
ତମଠି ଯେତେ ଆଘାତ ଅପମାନ, ମୋ'ଠି ଦେଖୁନ
ଭର୍ତ୍ତିଭର୍ତ୍ତି ଛାତି ଭିତର ଭାରିଭାରି କପାଳ, ନିଇତି ନହୁନାଳ ମରଣପାଖ।

ଆମ ଦିହିଁଙ୍କ ଦୁଃଖର ରଙ୍ଗ ବାଇଗଣୀ, ଘନନୀଳ ନା କିଟିମିଟି କଳା
ଅନ୍ଧାର, କଅଣ ହେବ କହିଲ!

ତମପରି ଆମ ଜନ୍ମ ଜାତକରେ ବାଜିଚି ଇସ୍ ଅସହ୍ୟ, ଅସ୍ପୃଶ୍ୟ ମୋହର
ପଚାରି ପାରିବିନାହିଁ ପ୍ରଶ୍ନ ଆଶା କରିବି ନାହିଁ କର୍ମଫଳ
ଦରବାର, ଦପ୍ତର ଦୁଆରେ କେବଳ ଯୋଡ଼ୁଥିବି ହାତ ନୋଉଁଥିବି ମୁଣ୍ଡ ଚିରକାଳ।

ଅକ୍ଷର ଅନାବାଦୀ ଉପରେ ଥାପି ଦେଇଚି ଜବର ଦଖଲର ବୁଦ୍ଧିଖେଳ
ଭିଆଇଚି ମାହଲ ମାହଲ ଭୟ, ଭ୍ରମ, ମାୟାମନ୍ଦ, ମତଲବ
ଭାଗ୍ୟ ଭାଗବତ ଭିତରେ ପୋତି ଦେଇଚି କପଟର ବିଜୟ ବୀଜ, ଅଧାଦେଶ
କହିଚି, ପାଦରୁ ଜାତ ମଳି ମହଳ ମଣିଷ ମଳ ମଇଳାରୁ ପୂଣ୍ୟଅର୍ଜ
ଧର୍ମର କୁହୁଡ଼ି ଭିତରେ ସ୍ୱର୍ଗଖୋଜ, ଦଉଡ଼ ଦଉଡ଼
ନିଜ ରକ୍ତ ରେତର ପିଢ଼ିପିଢ଼ି ପାଇଁ ଶବ୍ଦରେ ସଜେଇଚି ସୁଖ, ସୁଖ୍ୟାତି
ଅଚଳାଚଳ ସମ୍ପତି, ସୌଭାଗ୍ୟ ଅମଳର ସୂତ୍ରତକ କେହି ଧୂର୍ତ୍ତ।

ଏବେ ଜାଣିଲ ତ, ଡାଳରେ ଫୁଲ ଫୁଟାଇ କେମିତି ଖଞ୍ଜି ଦିଆଯାଇଚି
ଅପ କଉଶଳର କଣ୍ଟାତକ
ସାରା ବଗିଚା ତ ମାଲିକର, ମାମୁଲି ମାଳିର ପୀଡ଼ାଭୋଗ ଛଡ଼ା କି ଲାଭ କହୁନ!

ଆମର ଆଉ କି ପରିଚୟ, କୋଉ ଗାଈର ଗୋବର ଏଇଅଛି ଏଇ ନାହିଁର
ନଡ଼ନଡ଼ ଶୁଖା ଖଡ ଅଥୟ ଜୀବନ
କେହି କେହିଲେଣି ଆମେ ଗାଁ ତଳ ଗୋଚର ନୋହିଲେ ଲୁଣାନଈ ବନ୍ଧ
ଏଠି କେହି ଛିଡ଼ାଛିଡ଼ା ପରିସ୍ରା କରେ ତ ଗାଇପାରେ ଦୋ' ଅକ୍ଷରୀ ଧଣ୍ଟିଗୀତ
ମନ ଫୁର୍ତ୍ତି ପାଇଁ ଶୋଇପାରେ ଘଡ଼ିଏ ପହଡ଼, କହିପାରେ -
କାହିଁକି ଛୁଇଁଲା ଛିଣ୍ଡାଳୀର ଦେହଛାଇ ମନ୍ଦିର, ମନ୍ଦାର, ବହିପାଠ
ନାହିରେ ଢାଳିଦିଅ ତତଲା ତେଲ ପିଳେହିରେ ନିଆଁଚେଙ୍କ
ବର୍ଷା ହେଉନି ତ, ଠିଆ ଲଙ୍ଗଳା କରି ମରୁଡ଼ି ମଡ଼କ ଅଞ୍ଚଳରେ
ଲଗେଇଦିଅ ସ୍ତନଭୋଗ। ଏତେ ନିର୍ଯ୍ୟାତନାର ଗହୀର ଦାଗ ଭିତରୁ
ତଥାପି କାଉ ପରି ଖୋଜିହେଉ ସକାଳ ଆଲୁଅ, ଆହାପଦ।

ଦିନେଦିନେ ଆଞ୍ଜୁଳାରେ ପହଞ୍ଚିଯାଏ କଷିମେଘ, ଛାତିସାରା ପଦେଅଧେ
ଗୀତଗାଏ ଶିରିଶିରି ଦକ୍ଷିଣା ପବନ
ଦିନେଦିନେ ମୁଣ୍ଡ ମୁଚୁଳାରେ ମହକୁଥାଏ ଆମ୍ବ ବଉଳବାସ
ନୟନରେ ନହକୁ ଥାଏ ସ୍ୱପ୍ନକଢ଼, ନାକ ପୁଡ଼ାରେ ଜଣା ପଡୁଥାଏ
ହେଉପଛେ କ୍ଷଣିକ
କଲିଜା କତିରେ ଭଲମନ୍ଦ କଥା ହଉଚି ଜୀବନ
କେବଳ ବର୍ଷବର୍ଷ ଧରି ମିଳେନାହିଁ ଜହ୍ନ, ଜହ୍ନିଫୁଲ, ଯୁବତୀ ଝିଅର
ଖିଏ ହସପରି ବଂଚିବାର ଅଧିକାର।

ଜୀବନ ମରଣ ମଝିରେ ହେ' ମୋର ପ୍ରିୟ, ତମଠୁ ଝଡ଼ିପଡୁଥିବା ରୋଜ୍‌ରୋଜ୍
ଧୂଳି ଗଣ୍ଡାକ ଆମ ହାଣ୍ଡିରେ ଚାଉଳ, ସୁଖି-ଉତ୍ତାଳ
ପେଟ, ପାଟି, ଜୀବନ ଜଞ୍ଜାଳର ଅଗାଧ ଜଳରେ ସେତକ ସାକ୍ଷାତ ଈଶ୍ୱର
ଏହାଠୁ ହୀନ କୃମିପୋକ କହିବି ହଜାରେ ଥର
ଯିଏ ସଂହିତା, ସିଂହାସନ, ପୋଥି ପୁରାଣରେ କାଳକାଳ
ପୁଲକିତ ମହାମାନ୍ୟ ଗଣ ମର୍ତ୍ତ୍ୟରେ ମହାନ।

କହୁନ ! କେଉଁ ଦେଇଚିକି ଦେଉଳ ଦୁଆରେ ଇଞ୍ଚେଥାନ, ମୁଣ୍ଡପାଇଁ ମୁକ୍ତିମଣ୍ଡପ
ପୋଖରୀ ଭିତରୁ ବୁନ୍ଦେଜଳ, ଗାଁ ମଝିରୁ ଗୋଟେଘର, ବିଦ୍ୟାଳୟରୁ

ଅ, ଆ, ଇ... ଅକ୍ଷର। କହେକି, ବାହାରେ ଛିଡ଼ା କାହିଁକି
ପିଲାଛୁଆ ମାଇପ ସ' ଭିତରକୁ ଆସ, ପଙ୍ଗତରେ ବସ।
ଭାବୁଥିବ କେଉଁ କବିର କଳ୍ପନାରୁ ଶୁଣଉଚି କବିତାର ଧାଡ଼ି ଗୁଡ଼ିକ
ନାଇଁ ତ ମୂତରେ ପୋଲୁହ ମାଡୁଚି ମାଧିଆ ମୂର୍ଖ
ଦିନ ଆସିବ, ଦିଅଁ ବଦଳରେ ଦେଉଳରେ ପୂଜା ପାଉଥିବ ତମ ଅସରନ୍ତି ତ୍ୟାଗ
ବିରଳ ଆଦର୍ଶ, ତମଠି ଫୁଲ ଚଢ଼ଉଥିବ ଭୋକ, ଶୋଷ, ଅଭାବୀ ସଂସାର

ଦେଖୁନ, ଆସ୍ତେ ଆସ୍ତେ କଅଁଳୁଚି ଅଙ୍ଗୁଳି, ଜିଭ, ସ୍ତନ, ପାପୁଲି, ପାଦ
ଆଉ କିଛି ବର୍ଷ ଲାଗି ଯାଇପାରେ ହାତପଇଠ ହବାକୁ ମୁକ୍ତିର ସକାଳ
ଦେଖିବ, ଆର୍ଯ୍ୟାବର୍ତ୍ତରୁ ଆଜି ପର୍ଯ୍ୟନ୍ତ କୁଟ କପଟର ଯଜ୍ଞଭିତରୁ ଫେରି ଆସୁଥିବ
ଶାସ୍ତ୍ର ଶାସନ ଲୁଟି ନେଇଥିବା ଝାଳ, ରକ୍ତ, ଶ୍ରମର ସୁଖ ହୃଦୟର ହଂସଉଡ଼ାଣ
କୁକୁର ଲାଞ୍ଜପରି ବଙ୍କା ହୋଇଯାଉଥିବ ବ୍ରହ୍ମାଙ୍କ ବେଦ, ଆଦେଶ, ଉଦ୍ଦେଶ୍ୟ
ଅପେକ୍ଷା କର।

ଗୋଟେ ବହିର ମୃତ୍ୟୁ

ବହିଟେ ଜାଣି ବନେଇଛନ୍ତି ଆପଣ, ମାନିବାକୁ ହେବ ! କଲମ ମୁନ ସହ
ଆପଣଙ୍କ ବ୍ୟସ୍ତ ମନର କି ତାଳମେଳ, ଅତୁଳନୀୟ !

କହିବେ ତ, କେତେବେଳେ ବୁଝନ୍ତି ଫାଇଲ୍‌ପତ୍ର ପୁଣି ସୃଜନରେ ମଗ୍ନ
ଆପଣଙ୍କର ପୁଣି ଅଛି ନା ସଂସାର, କେବେ ଦିଅଁ ଦର୍ଶନ କେବେ ବିଦେଶଗସ୍ତ
କେତେବେଳେ ସମୟ ମିଳେ ଭାବନା ଲଟାରେ ଫୁଲପରି ଫୁଟନ୍ତି ଆପଣ
ଶବ୍ଦରେ ସାଉଁଟି ଆମ କଲବଲ ସାଧନାରେ ମଜ୍ଜି ଯାଉଥିବା ବେଳେ
ଝରିଯାଉଥିବ ଲୁହ
ବିଭାଗୀୟ ମୁଖ୍ୟ ବୋଲି ଭୁଲିଯାଉଥିବେ ନିଜ ପରିଚୟ, ହଁ ହୋଇଥିବ
ଇଏ ତ କବିର ସ୍ୱଭାବ ।

ଯାହା ଯାହା ଲେଖିଛନ୍ତି ଦୁଧରେ ଚଳେଚଳେ ପାଣିପରି ଆମ ଧୂଳି ଧୂସରିତ
ପେଟ ପାଟଣା, ଘଟ ଘଟଣା ସହିତ ମିଶି ଯାଉଛି ଅବିକଳ
ଶବ୍ଦରେ ସାଜିଛି ବେଶ୍ ଘା, ଘାଇ, ଘଳିଆରେ ବୋହି ଯାଉଥିବା ଆମ ଅରକ୍ଷଦିନ
କହିବେ ତ, କେମିତି ଆମ ଦୁଃଖ ଦୁନିଆର ଗହନ ଗହିରପାଟ
ଜୀବନ ଜୀବିକାର କିଣାବିକା ଅସଜଡ଼ା ହାଟ
ଅନାହାର ଅଞ୍ଚଳରେ କଅଁଳେ ନାହିଁ ସ୍ତନ, ମରଣର ମହକୁମାରେ ମେଳେନାହିଁ
ଯୌବନର ସବୁଜ ଦ୍ୱିପତ୍ର
କେମିତି ଚିହ୍ନିଲ ବର୍ଷକ ବାରମାସ ଲୁହର ନଈକୂଳ ଆମ ଆଖି ହଳକର
କେମିତି ଛୁଇଁଲ କର୍ମ କଷଣର ମେଘବେଶ ଦିନ ଅଦିନର
କେଉଁଠୁ ପାଇଲ ବହିର ମଲାଟ ପାଇଁ ବୋକିଝିଅ କଳା ଦିହର

କରୁଣ ଭିତରୁ ଅଧା ଲଙ୍ଗଳା ଚିତ୍ର
ମାନିବାକୁ ହେବ ଆପଣଙ୍କ ବିବେକ ବୁକୁର ଲୋଡ଼ିବାପଣ ଉଦାରଭାବ
ମନେହୁଏ, କେଉଁ ଜନ୍ମରେ ଜଣେ ହୋଇ ମା' ପେଟର ଭାଇଥିଲ
ଏଥିପାଇଁ ତ ଆପଣଙ୍କ କବିତା ଅନୁମାନର ନୁହଁ ଅନୁଭବର, ନିବିଡ଼ତର।

ସ୍ୱଚକ୍ଷୁରେ ନ'ଦେଖିଲ ନାହିଁ ନଈବଢ଼ି ଦୃଶ୍ୟ, ଉଜୁଡ଼ା ଫସଲ
ବିଲବାଲି ଏକାକାର, ଦଡ଼ମଡ଼ ଘର, ମଥା ଉପର ଖରାବେଳ, ରାତି ଅଧ ଶୀତ
ନଈ ନେଇଥିବା ପୁଅର ବହିଖାତା, ଝିଅ ପାଦରୁ ଅଳତା ନ ବୁଝିଲ ନାହିଁ ସତମିଛ
ମହାମାରୀ କବଳରେ ଦଶମଉଜି, ଦଶମନ୍ତପୁରେ ନ ପଡ଼ିଲା ନାହିଁ
ମହାମାନ୍ୟଙ୍କ ପଦ୍ମପାଦ, ଢମପଣ।

କହୁ ନାହାନ୍ତି, କେଉଁ ହେଉଛି କି ପ୍ରଣବ ଅଶୁଦ୍ଧ ନା ଧରା ଦେବନାହିଁ
ଭାବନାର ଜାଲ ଖିଅକରେ କଉ କେରାଣ୍ଡୀ ପରି ଶୈଳୀ ଆଉ ଶବ୍ଦ
ନା ସାରଳା, ବଳରାମ, ଭୀମ ଭୋଇ ବୁଲୁଥିଲେ କି ଅସୀମ ବ୍ରହ୍ମାଣ୍ଡ
ନାଇଁ ଆଜ୍ଞା, ଯେଉଁଠି ବସିଛନ୍ତି ସେଇଠି ଥାଇ ଆପଣ ବି ବ୍ରହ୍ମାଙ୍କ ସମ
ସର୍ଜନା କରି ପାରିବେ ଗଣ୍ଡାଗଣ୍ଡା ବେଦ।

ଆପଣଙ୍କ ଦେହୀ ହେବ ହେବ, ନ'ହେବ କାହିଁକି ? ଉପର ମହଲା
ଅଧା ଆକାଶର ଚାନ୍ଦୀନି ଚଉକିରେ ଆପଣତ ଅଧିଷ୍ଠିତ
ଗଧ-ଘୋଡ଼ା, କାଉ-କୋଇଲି, ବାଘଛୁଆ, ଭୁଆଁ ବିରାଡ଼ିର ଗନ୍ଧବାରି
ଦୂରରୁ ତ ପୁଣି କହି ଦିଅନ୍ତି କିଏ କଅଣ

ଭଲ ଭଲ, ଇଏତ ବିଶେଷ ଗୁଣ ହୁଏତ ଈଶ୍ୱର ପ୍ରଦତ୍ତ
ଆୟତ୍ତରେ ଅଛିମାନେ ବହିଟିରେ ପଛେପଛେ ପୋଷା କୁକୁରପରି
ଲଗାଇ ଦିଅନ୍ତୁ ମୁଣ୍ଡରୁ ସେତକ, ଦେଖିବେ -
ଦିନ କେତୁଟାରେ ସିଦ୍ଧି ପ୍ରସିଦ୍ଧିରେ ଡୁବି ଯାଉଥିବେ ଆପଣ
ବେକ, ଛାତି, ଅଣ୍ଟାସାରା ଓହଳିଥିବେ ନାତି ନାତୁଣୀପରି କେବେ ସରସ୍ୱତୀ
କେବେ ଜ୍ଞାନପୀଠ, ପଦ୍ମଭୂଷଣ କେତେ କଅଣ
ପାରିବେ ନିଶ୍ଚୟ ପାରିବେ, ଆଗକୁ ଅନାଇ ଲାଗି ପଡ଼ନ୍ତୁ ଆପଣ।

ଶାସ୍ତ୍ର କହୁଛି ପଛକୁ ଚାହଁନ୍ତି ନାହିଁ ବୁଦ୍ଧିମାନ ଲୋକ, କଅଣ ଥିଲେ ନ ଥିଲେ
ସାଧୁ କି ସୌଦାଗର, ଜହ୍ନ କି ଜହ୍ଲାଦ, ବିଷ କି ସୁବାସ
କେଉଁ ଜାଣିବେ ଜନସାଧାରଣ, ବରଂ କେହି କେହି ପାଳନ କରୁଥିବେ ଜନ୍ମଦିନ
ଆପଣଙ୍କ ନାମରେ ଦିଆ ଯାଉଥିବ ସୃଜନ ସମ୍ମାନ, ଜନ୍ମା ଗୋଟିଏ ବର୍ଷ !
ପୋତିଥିବା କବିତାର ମଞ୍ଜି ମେଲିଥିବ ଡାହିଡାଳ, ଫୁଲଫଳ ପରି ଓହଳିଥିବ
କବିପଣ । ବାଃ ବାଃ, ମଲା ପରେବି ବଞ୍ଚିଲା ପରି ଦୃଶ୍ୟ ହେଉଥିବେ ଆପଣ ।

ଭାବୁଛନ୍ତି କି ଗଲାପରେ ଦୁର୍ନାମ ରଟାଇ ଶୁଝେଇବୁ ଛାତିଥୁଳ ରାଗ
ନାଇଁ ଆଜ୍ଞା, ନ'ଦେଲ ନାହିଁ ତଳମାଳ ବିଲବାଡ଼ି ପାଇଁ ହୀରାକୁଦ ପାଣି
ନ ମେଲିଲା ନାହିଁ ସବସିଡ୍ ବିହନର ବୀଜପତ୍ର କୁଆଁକଢ଼
ନେଉଟବେଳକୁ ନେଇଥାଉପଛେ ନକଲି ଔଷଧ ଜିଇଁବା ଓଠରୁ ଚନ୍ଦ୍ରହାସ
ନ ମିଳିଲା ନାହିଁ ଇନ୍ଦିରା ଆବାସ, ପଲିଥିନ୍, ରିଲିଫ୍ ଚାଉଳ
ଅବଶ୍ୟ କଲମ ମୁନ ଆପଣଙ୍କ ମନ ମିଳିମିଶି କବିତାର ଗୋଟେ ଧାଡ଼ି ପରି
ଯଦି ଲେଖିଥାନ୍ତା ଚଉଠେ କାଗଜରେ ଛୋଟିଆ ଆଦେଶ
ଘିଅ ମହୁରେ ଲୋଟି ପଡ଼ିଥାନ୍ତା ଆମ ଅର୍କ୍ଷିତ କପାଳ, ଅଭାବୀ ସଂସାର ।

ତଥାପି ନିନ୍ଦିବାକୁ ଲେଉଟୁନି ଜିଭ, ଆପଣ ତ ଜହ୍ନହୋଇ ଆମ ଚାଳିଘର
ମଉଡ଼ ଓ ଛାତିହାଡ଼ ଅରାକରେ ସାଧ୍ୟ ସାଧନାର ଜୋଛନା ଢାଳିଛ
କଳ୍ପନାରେ ଆହାପଦେ କହିତ ପାରିଛ
ଦିଲ୍ଲୀ କି ଚେନ୍ନାଇ ବମ୍ବେ କି ବାଙ୍ଗାଲୋର ଠାରେ ବେନାମୀ ମହଲ
ବିଦେଶୀ ଗୋଲାପ, ଦାମୀଗାଡ଼ି, ଫ୍ଲାଟ କିଣା କେଉଁଥିରେ ଆମେ ସିନା ନାହୁଁ
ଆପଣଙ୍କ କବିତାର କାଶତଣ୍ଡୀ କିଆରୀ ଭିତରେ ଅବଶ୍ୟ ଅଛୁ !

କହିବେ ତ, ଉପର ମହଲାରୁ ଖସିପଡ଼ିବା ମାତ୍ରେ ବହିଚିର ଭାଗ୍ୟ
ଆପଣଙ୍କ ପୁରୁଣା ହଳେ ଜୋତା ପରି ପଙ୍କ କାଦୁଅରେ ନିଜକୁ ନିଂଦିନିଂଦି
ମରୁଥିବ, ସରୁଥିବ ଏମିତି ହେବନି ତ !

ଆତ୍ମପକ୍ଷ

ଜୀବନର କଳାତ୍ମକ ଦିଗ ସହିତ ଯୋଡ଼ି ହେବା ଓ ଜଗତର ରହସ୍ୟ ଭେଦ କରିବା ପାଇଁ ସାହିତ୍ୟ ହେଉଛି ଆବେଗାତ୍ମକ ମାଧ୍ୟମ। କବିତା ହେଉଛି ଏହାର ଏକ ପ୍ରାଚୀନତମ ବଡ଼ ଅଂଶ। କବିତା ମାନବ ସମାଜର ସହଯାତ୍ରୀ ପରି ସବୁ ଯୁଗରେ ରହି ଆସିଛି। କବିତା ହେଉଛି ଇତିହାସର ଅନ୍ୟ ଏକ ଦିଗ ଓ ଅନନ୍ୟ। ଏହା ମୋତେ ମୋ ଅତୀତ ବାବଦରେ ପୂର୍ଣ୍ଣାଙ୍ଗ ଚିତ୍ର ପ୍ରଦାନ କରିଥାଏ। ଯୁଗଯୁଗ ଧରି ମୁଁ ଅଛୁଆଁ ଭାବରେ କବିତାରେ ରହିଆସିଅଛି, ଯାହା ମୁକ୍ତ ଓ ସ୍ୱାଧୀନ ଭାବରେ ବଂଚିବାକୁ ଦେଇ ନାହିଁ। କବିତାରେ ଜଣେ ସେବାକାରୀ ଭାବରେ ମୋର ପରିଚୟ ଆଜି ବି ଅବ୍ୟାହତ ରହିଛି। ଯୁଗଯୁଗ ଧରି ଏହି କବିତାକୁ ମାଧ୍ୟମ କରି ଗୋଟେ ନିର୍ଦ୍ଦେଶ ଲାଗୁ ହୋଇଛି, ମୁଁ ଶିକ୍ଷାଗ୍ରହଣ କରିପାରିବି ନାହିଁ, ଧନ ସଂଚୟ କରିପାରିବି ନାହିଁ, ପଙ୍ଗତରେ ବସି ପାରିବି ନାହିଁ, ମନ୍ଦିର ପ୍ରବେଶ କରିପାରିବି ନାହିଁ, ନିଶ ରଖିପାରିବି ନାହିଁ, ଘୋଡ଼ା ଚଢ଼ିପାରିବି ନାହିଁ, ହତିଆର ଧରିପାରିବି ନାହିଁ, ଦାମୀ ବସ୍ତ୍ର ପରିଧାନ କରିପାରିବି ନାହିଁ। ମୋଟା ମୋଟି ଭାବେ ଗୋଟେ ପଶୁ ପରି ଜୀବନ ଯାପନ କରିବି। ଜନ୍ମ ହେଲେ ଅଛୁଆଁ ଘରେ, ଅଛୁଆଁ ଭାବରେ ବଂଚିବି ଓ ଅଛୁଆଁ ଭାବରେ ମରିବି। ଗାଁ ବାହାରେ ଥିବ ମୋର ଘର, ପିଢ଼ି ପରେ ପିଢ଼ି ଏହି ଘର ଉଚ୍ଚା ହେବ ନାହିଁ, ନିଚ୍ଚା ହୋଇ ମଥା ନୁଆଇଁଲା ପରି ଦିଶୁଥିବ। ମଥା ଉପରେ ଥିଲେ ବି ଆକାଶ, ମୁଁ କହି ପାରିବି ନାହିଁ ଏ ଆକାଶ ମୋର। ପାଦ ତଳେ ମାଟି ଥିଲେ, କହିପାରିବି ନାହିଁ ଏ ମାଟି ମୋର। ବ୍ରହ୍ମାଙ୍କ ମୁଖରୁ ବ୍ରାହ୍ମଣ, ବାହୁରୁ କ୍ଷତ୍ରିୟ, ଜଙ୍ଘରୁ ବୈଶ୍ୟ, ପାଦରୁ ଶୂଦ୍ର ସୃଷ୍ଟି ହୋଇ ଥିବାରୁ ମୁଁ ସାରା ସମାଜର ପାଦ, ସମସ୍ତ ବୋଝ ବୋହିବି। ସଭିଙ୍କର ମଳ ମୂତ୍ର ପୂଜ ଖଙ୍କାର ସହିବି। ମୋର ଯେହେତୁ ଶୁଦ୍ର କୂଳରେ ଯାତ ନଗର ଭିତରେ ବଂଚିବା ମୋର ଅଧିକାର ନାହିଁ। ମୁଁ କେବଳ ସହିବି, ଅନ୍ୟର ସେବା କରିବି। ହିନ୍ଦୀ

ସାହିତ୍ୟର ଜନୈକ ସନ୍ଥ କବି ଲେଖିଛନ୍ତି 'ଢ଼ୋଲ୍, ଗଓଁର, ପଶୁ, ଶୂଦ୍ର, ନାରୀ / ଏ ସବ୍ ତାଡ଼ନାକେ ଅଧିକାରୀ। ତାଡ଼ନା ସହିବାକୁ ବାଧ୍ୟ। ଏହା ଜନ୍ମଗତ ବଂଚିବାର ପ୍ରାପ୍ୟ। ତାର ଛାଇ ଯେପରି ଅନ୍ୟ ଉଚ୍ଚ ବର୍ଗର ଶରୀର ସ୍ପର୍ଶ କରି ନ ପାରିବ ତେଣୁ ସେ କେବଳ ମଧ୍ୟାହ୍ନ କିମ୍ବା ରାତି ଅନ୍ଧାରରେ ଘରୁ ବାହାରିବ। ରାସ୍ତାର ଛେପ ପକାଇ ପାରିବ ନାହିଁ, ସେଥିପାଇଁ ଅଂଟାରେ ଗୋଟେ ମାଟି ଗଡୁ ଓହଳେଇଥିବ। ଯେତିକି ରାସ୍ତାରେ ଚାଲିବ ସେତିକି ରାସ୍ତା ସଫା କରିବ। ତେଣୁ ଗୋଟେ ଝାଡୁ ତା କାନ୍ଧରେ ଓହଳା ହୋଇଥିବ। ତା'ର ପତ୍ନୀ, କନ୍ୟା ଆପଣା ବକ୍ଷ ଉପରେ ପରଦା ପକାଇ ପାରିବେ ନାହିଁ, ପକାଇଲେ ବକ୍ଷୋଜ କର ରାଜା ଘରକୁ ଦେବାକୁ ହେବ। ଏହି ସମସ୍ତ ପୀଡ଼ା ଭୋଗର ମୁଁ ହେଉଛି ଜଣେ ଉତ୍ତରାଧିକାରୀ, ଜଣେ ଅସହାୟ ଅଚ୍ଛବ ଚରିତ୍ର। ଏହି ଚରିତ୍ର ହେଉଛି ଯୁଗ ଯୁଗ ଧରି ଅବହେଳିତ ସମାଜର, ଯେଉଁ ସମାଜରେ ସେହି ଚରିତ୍ର ହେଉଛି ଅସ୍ପୃଶ୍ୟ, ଅବାଂଛିତ ମଣିଷ। ଏମାନେ କେବଳ ଓଡ଼ିଆ ସାହିତ୍ୟ କାହିଁକି, ଦେଶର କୌଣସି ସାହିତ୍ୟରେ ସମ୍ମାନର ସହିତ ପରିବେଶିତ ହୋଇ ନାହାନ୍ତି। ଅଢ଼େଇ ହଜାର ବର୍ଷର ଭାରତୀୟ ସାହିତ୍ୟକୁ ନିରୀକ୍ଷଣ କଲେ ଅବହେଳିତ ସମାଜର ମାମୁଲି ମଣିଷମାନେ ସାହିତ୍ୟ ବାହାରେ ରହିଯାଇଛନ୍ତି। ସାହିତ୍ୟ ଭିତରେ ବରଂ ଯେଉଁ ନିତି ସଂହିତାକୁ ଯୋଡ଼ି ଦିଆଯାଇଛି ତାହା ଅବହେଳିତ ସମାଜର ଅବର୍ଣ୍ଣନୀୟ ପୀଡ଼ା ଭୋଗର କାରଣ ହୋଇଛି। ସେହି ପୀଡ଼ା ହିଁ ଆଜିର ଦଳିତ ସାହିତ୍ୟ।

ଦଳିତ ସାହିତ୍ୟ ସାମାଜିକ ବୈଷମ୍ୟ, ଅସ୍ପୃଶ୍ୟତା, ଲିଙ୍ଗ ଭେଦ ଓ ଅସମାନତା ବିରୁଦ୍ଧରେ ବିଦ୍ରୋହ ଘୋଷଣା କରେ। ଭାରତୀୟ ସମାଜରେ 'ଶ୍ରେଣୀ ସଂଘର୍ଷ' ଓ 'ଦଳିତ ବିଦ୍ରୋହ'କୁ ସମଭାବରେ ଗ୍ରହଣ କରାଯାଇପାରିବ ନାହିଁ। ଧନୀ ଓ ଗରିବ ମଧ୍ୟରେ ତାରତମ୍ୟ ସେତେବଡ଼ ସମସ୍ୟା ନୁହେଁ। ଧନୀ ଦିନେ ଗରିବ ଓ ଗରିବ ଦିନେ ଧନୀ ହୋଇଥିବାର ଦୃଷ୍ଟାନ୍ତ ଦୁନିଆରେ ଅଭାବ ନାହିଁ। କିନ୍ତୁ ଜାତି ଜନିତ ବୈଷମ୍ୟ ସବୁ କାଳ ପାଇଁ ସତେ ଯେପରି ଅମରତ୍ୱ ଲାଭ କରିଛି। ଜାତି ପ୍ରଥାରେ ଉଚ୍ଚବର୍ଗ ସଦାବେଳେ ଶ୍ରେଷ୍ଠ, ଦଳିତ ସର୍ବଦା ନିଚ୍ଚ ହୋଇ ଆଜୀବନ ମଥାନତ ହୋଇ ବଂଚିରହେ। ଦାରିଦ୍ର୍ୟ ଅପେକ୍ଷା ଜାତି ପ୍ରଥା ଅତି ଉତ୍କଟଭାବେ ଅବହେଳିତ ସମାଜର ଦୁଃଖର କାରଣ ହୋଇଚାଲିଛି। ଏହି ଜାତିପ୍ରଥାକୁ ସାହିତ୍ୟରେ ଯେ ବିରୁଦ୍ଧ କରାଯାଇ ନାହିଁ ତାହାନୁହେଁ, ଯେତିକି କରାଯାଇଛି ତାହା ଧର୍ମର ଦ୍ୱାହି ତଳେ ସେଭଳି ପରିପ୍ରକାଶ ପାଇପାରିନାହିଁ। ବାରଶହ ବର୍ଷ ତଳେ ଲିଖିତଚର୍ଯ୍ୟା ଗୀତିକାରେ କାହ୍ନୁ ପାଦଙ୍କ ବର୍ଣ୍ଣନା 'ନଗର ବାହିରେ ଡୋମ୍ବି ତୋହେରି କୁଡ଼ିଆ/ଛୋଇଛୋଇ ଯାହି ସୋ ବ୍ରାହ୍ମ ନାଡ଼ିଆ'.....ରୁ ଅନୁଭବ କରିହୁଏ ନଗର ବାହାରେ ଅବହେଳିତ ସମାଜର ଘର

ଥିଲା। ସେ ଘର ଭିତରେ ଅତି ଅସ୍ୱାଭାବିକ ଜୀବନ ଯାପନ କରୁଥିଲା ବାସନ୍ଦ ମଣିଷ। ଠିକ୍ ସେହିଭଳି ଚର୍ଯ୍ୟା ଗୀତିକାର ଛଅଶହ ବର୍ଷ ପରେ ପଂଚସଖା ଯୁଗର ବିଦ୍ରୋହୀ କବି ବଳରାମ ଦାସ ଜାତିପ୍ରଥାକୁ ଦୃଷ୍ଟିରେ ରଖି ରଚନା କରିଛନ୍ତି 'ଲକ୍ଷ୍ମୀ ପୁରାଣ'। ଏହି ପୁରାଣରେ ଠାଏ କହିଛନ୍ତି :

'ଚଣ୍ଡାଳୁ ବ୍ରାହ୍ମଣ ଯାଏ ଖିଆଖୋଇ ହେବେ
ସମସ୍ତେ ଖାଇଣ ହସ୍ତ ଜଳେ ନ ଧୋଇବେ
ହାଡ଼ିର ହସ୍ତୁ ବ୍ରାହ୍ମଣ ଛଡ଼ାଇ ଖାଇବେ
ବ୍ରାହ୍ମଣ ଖାଇ ହସ୍ତକୁ ମୁଣ୍ଡରେ ପୋଛିବେ।'

ଶେଷରେ ସମାଜ ବ୍ୟବସ୍ଥା ବିରୁଦ୍ଧରେ ଯୁଦ୍ଧ ଘୋଷଣା କରିଛନ୍ତି ସନ୍ଥ କବି ଭୀମଭୋଇ। ବ୍ରାହ୍ମଣ୍ୟବାଦ ଆଧିପତ୍ୟ ଓ ଜାତିପ୍ରଥା ଭାଙ୍ଗିବା ପାଇଁ କବିଙ୍କ ରୁଦ୍ର ଶପଥ ସମସ୍ତ ସୀମାସରହଦ ଟପିଯାଇଛି। ବୈଦିକ ଯୁଗରୁ ତିଷ୍ଠି ଆସିଥିବା ଓ ଅବହେଳିତ ସମାଜର ସମସ୍ତ ଦୁଃଖ ଶୋକ ଶୋଷଣ କଷଣର କାରଣ ହୋଇଥିବା ବ୍ରାହ୍ମଣ୍ୟବାଦ ବିରୁଦ୍ଧରେ 'ସ୍ତୁତି ଚିନ୍ତାମଣି'ରେ ଘୋଷଣା କରିଛନ୍ତି :

'କହୁଛି ସଂସାରେ ସତେଇଶ ଅଙ୍କରେ / ସାଧନ ନୋହିଲେ ପୃଥ୍ୱୀ / ନିଷ୍ଠୁର ବଚନ ସୁଜ୍ଞଜନ ଶୁଣଶୁଣ / ବସିଥାଇ କୂଳ ମହାନଦୀ ଜଳ / ଛୁଇଁଅଛି ସତ୍ୟ କରି / ଧର୍ମକୁ ଲଂଘି ସୁରାପାନ କରି / ହରିବି ବ୍ରାହ୍ମଣ ସ୍ତିରୀ / ପ୍ରାଣୀଙ୍କ କଷଣ ଭେଦୁ ଅଛି ମନ / ଜୀବନକୁ ମୋର ବାଧେ / ଭୀମ ଅରକ୍ଷିତ କରି ଦଣ୍ଡବତ / କାରଣ ମାଗୁଛି ପାଦେ।'

ଓଡ଼ିଆ ସାହିତ୍ୟରେ ଜାତିବାଦ ବିରୁଦ୍ଧରେ ଯେଉଁ ବିଦ୍ରୋହ ଘୋଷଣା କରାଯାଇଛି ତାହା ଆଧ୍ୟାତ୍ମିକତାର ଆଢୁଆଳରେ ଅବଦମିତ ହୋଇ ରହିଯାଇଛି। ଧାର୍ମିକ ପରିପାଟୀ ଭିତରେ ସାହିତ୍ୟର ସ୍ୱର ଅବହେଳିତ ସମାଜ ପ୍ରତି ଯେତିକି ସମ୍ବେଦନଶୀଳ ହେବା କଥା ହୋଇପାରିଲା ନାହିଁ। ବରଂ ଧର୍ମ ସାହିତ୍ୟ ମାଧ୍ୟମରେ ବିଭେଦର ପାଚେରୀକୁ ଅଧିକ ଦୃଢ଼ କରିବାରେ ସକ୍ଷମ ହେଲା, ଫଳରେ ଅବହେଳିତ ଗୋଷ୍ଠି ଧର୍ମ ପାଖରେ ଦାସ ହୋଇଗଲେ ଗୋଟେ ପ୍ରକାର। ତା'ର ସାମର୍ଥ୍ୟ, ଯୋଗ୍ୟତା ଓ ମନୁଷ୍ୟତ୍ୱର ସେ ସବୁଦିନ ପାଇଁ ପରିଚୟ ହରେଇ ବସିଲା। ଏହାର କାରଣ ହେଉଛି ଧର୍ମ। ଧର୍ମର ପ୍ରଚ୍ଛଦ ପଟ ଯେତିକି ସୁନ୍ଦର ଦିଶୁଛି ତା'ର ପଛ ପଟର ପ୍ରାଚୀନତା ସେତିକି ସୁନ୍ଦର ନୁହେଁ। ମୁଁ ସେହି ଧର୍ମ କଥା କହୁଛି, ଯେଉଁ ଧର୍ମ ମଣିଷ ମଣିଷ ଭିତରେ ବ୍ୟବଧାନ ବଢାଇ ଚାଲିଛି। ଦେଶରେ ଯେତିକି ରକ୍ତପାତ, ଯେତିକି ନର ସଂହାର, ଯେତିକି ନର୍କ ଯାତନା ଘଟି ଯାଇଛି ସେଥିରେ ବଡ଼ ଅଂଶ ହେଉଛି ଧର୍ମ

ଯୁଦ୍ଧ। ଗୋଟେ ଧର୍ମ ଆଉ ଏକ ଧର୍ମ ବିରୁଦ୍ଧରେ ଯୁଦ୍ଧ ଘୋଷଣା କରିବା ଇତିହାସରେ ଏହାର କଳଙ୍କିତ ଅଧ୍ୟାୟ ଅଛପା ନାହିଁ। ଜଣେ ମଣିଷ ଏ ପୃଥିବୀକି ଜୀବନ କାଳ ଭିତରେ ଯେତିକି ଉପଭୋଗ କରିବା କଥା ସିଏ ସେତିକି ଭୋଗ କରିପାରୁନାହିଁ, ତାର ବଂଚିବା ସେତିକି ମୁକ୍ତ ଓ ଅବାଧ ହୋଇପାରୁନାହିଁ। ଧର୍ମ ନିୟନ୍ତ୍ରକ ସାଜି କେଉଁ ରଙ୍ଗର ପୋଷାକ, କେଉଁ ଖାଦ୍ୟ, କେଉଁ ସଂଗୀତ, କିଭଳି ବିବାହ ଓ କିଭଳି ଭାବରେ ସେ ଆତଯାତ ହେବ ଧର୍ମ ସାହିତ୍ୟର ଖୋଳ ଭିତରେ ତାଲିକା ତିଆରି କରିଛି। ଏଥିରେ ସବୁଠାରୁ ବେଶୀ କର୍ମ କଷଣ ଭୋଗୁଛି ଅବହେଳିତ ସମାଜ। ଏହି ଅପରିବର୍ତ୍ତିତ ବ୍ୟବସ୍ଥାର କଠିନ ସମୟରୁ ମୁଁ ଯେ ତ୍ରାହି ପାଇଛି ତାହା ନୁହେଁ। ଜାତିବାଦର ଭୟଙ୍କର ଉଗ୍ର ତାଡ଼ନାର ମୁଁ ଯେଉଁ ଅସହ୍ୟ ପୀଡ଼ା ଭୋଗ କରିଛି ଭାବି ବସିଲେ ମୁଁ ବିଚଳିତ ହୋଇପଡେ।

ଜାତିବାଦର ଶୀକାର ହୋଇ ବାବୁରାଓ ବାଗୁଲ୍, ଓମ୍ ପ୍ରକାଶ ବାଲ୍ମିକୀ, ଶରଣ କୁମାର ଲିମ୍ବାଲେ, ଲକ୍ଷ୍ମଣ ଗାଇକୋଓ୍ୱାର୍ଡ଼, ନାମଦେବ ଧସାଲ, ମୁଲକରାଜ ଆନନ୍ଦ ଓ ମନୋରଞ୍ଜନ ବ୍ୟାପାରିଙ୍କ ପରି ଦଳିତ ସାହିତ୍ୟିକ ମାନଙ୍କର କିଛି କିଛି ପୁସ୍ତକ ପଢ଼ିବାର ସୁଯୋଗ ପାଇଥିବା ଅବସରରେ ମୁଁ ଭାବେ, ଉକ୍ତ ଜାତି ପ୍ରଥାର ପୀଡ଼ା ଭୋଗ ମୋର ମଧ୍ୟ ଥିଲା ପ୍ରାପ୍ୟ। ସର୍ବଭାରତୀୟ ଦଳିତ ସାହିତ୍ୟରେ 'ଝୁଠନ୍', 'ଅସ୍ପୃଶ୍ୟ', 'ଜାରଜ ଭାବରେ ଜନ୍ମ', 'ମୁଁ ଯେତେବେଳେ ମୋ ଜାତିକୁ ଲୁଚାଇଥିଲି' ଓ 'ଇତିବୃତେ ଚଣ୍ଡାଳ ଜୀବନ' ଭଳି ଆତ୍ମ ଜୀବନୀ ପୁସ୍ତକ ଭାରତୀୟ ସାହିତ୍ୟକୁ ଯଥେଷ୍ଟ ଅବଦାନ ରଖିଥିବା ବେଳେ ଓଡ଼ିଆ ସାହିତ୍ୟର ଏହାର ଅଭାବ ବେଶ୍ ପରିଲକ୍ଷିତ ହୁଏ।

ଏସବୁ ପୁସ୍ତକ ପଢିଲା ପରେ ମୁଁ ଅନୁଭବ କଲି ସାହିତ୍ୟରେ ଈଶ୍ୱରଙ୍କ ଅବଦାନ, ବରଦାନ ଓ ଆର୍ଶୀବାଦ ଯୁଗର ଅବସାନ ହୋଇସାରିଛି। ଗାଧୋଇ ଆସିବା ପୂର୍ବରୁ ବାକିଥିବା କବିତାର ପଦକେହି ପୂରଣ କରିଯିବା କଳ୍ପନା କାରସାଦିରେ ପୂର୍ଣ୍ଣଛେଦ ପଡ଼ି ସାରିଛି। ନିଜକୁ ଦାସ ଭାବରେ ସ୍ୱୀକାର କରି ଶୂନ୍ୟରୁ ଯାହା ଆସିଲା ତାହା ସାହିତ୍ୟର ରୁପ ନେଲା ପରି ଅଦ୍ଭୁତ କିମ୍ବଦନ୍ତୀ, ବିସ୍ମୟ ଭଣିତାର ସେ ସମୟ ଆଉ ସେତେ ବୋଲ କରୁନାହିଁ। ସାହିତ୍ୟରେ ରୁପ ଯୌବନ, ସୌନ୍ଦର୍ଯ୍ୟର ବର୍ଣ୍ଣନା, କାମ ବିଳାସର ଶବ୍ଦ ବିନ୍ୟାସ, ଭୟ, ଭ୍ରାନ୍ତି, ଭକ୍ତିର ଭ୍ରମ, ଭାବ ବିହ୍ୱଳ ସମୟ ଅତିକ୍ରାନ୍ତ ହୋଇସାରିଛି। ଏହି ପରିପ୍ରେକ୍ଷୀରେ ସାହିତ୍ୟରେ ସାଧାରଣ ମଣିଷର ଜୀବନ, ଯନ୍ତ୍ରଣା, ସ୍ୱପ୍ନ ଭଙ୍ଗ, ଆଶା ନିରାଶା, ଅପମାନ, ଘୃଣା ଓ ସର୍ବୋପରି ଜୀବନର ଜୟଗାନ ସହିତ ଜଗତ ଉଦ୍ଧାର ବିଷୟ ଅଧିକ ଜୀବନ୍ତ ହୋଇଉଠିଛି।

ପୂର୍ବରୁ କହିଛି ସାହିତ୍ୟର ବଡ଼ ଅଂଶ ହେଉଛି କବିତା। ସେହି କବିତା ମୋତେ ଦେଇଛି ପରିଚୟ। ଜୀବନ ଓ ଜଗତର ନିକଟତର କରାଇବା କ୍ଷେତ୍ରରେ କବିତା ମୋତେ ଯେଉଁ ଆନନ୍ଦ ଦେଇଛି ଅନ୍ୟ କେଉଁଥିରେ ଥିଲେ ଏତିକି ପାଇପାରିନଥାନ୍ତି ବୋଲି ଅନୁଭବ କରୁଛି। ପଦ ପଦବୀର ମୋହ, ଧନ ସମ୍ପତ୍ତିର ପ୍ରାଚୁର୍ଯ୍ୟ, କ୍ଷମତାର ସୁଖଭୋଗ ଛାଡ଼ି କବିତା ପଛରେ କାହିଁକି ପଡ଼ିଛି, ଏଭଳି ଅନାବଶ୍ୟକ ପ୍ରଶ୍ନରେ ମ୍ରିୟମାଣ ନ ହୋଇ କେବେ କୌଣସି ଦିନ ହତାଶ ବୋଧ ପ୍ରକାଶ କରିନାହିଁ। ସମସ୍ତ ବିଦ୍ରୁପ କଟାକ୍ଷ ଆଡେଇ କବିତା ମୋତେ ଯେପରି ପରିପୂର୍ଣ୍ଣ କରିପାରିଛି ଏହା ମୋ ପାଇଁ ବିରଳ ଉପଲବ୍ଧି। କବିତା ମୋ ପାଇଁ ସର୍ବୋତ୍ତମ ତପସ୍ୟା। ଶବ୍ଦର ସନ୍ନ୍ୟାସୀ ହୋଇ ନିର୍ବିଘ୍ନରେ ସମାଜର କଲ୍ୟାଣ ପାଇଁ ସମର୍ପି ହୋଇଯିବା ଏହା ଏକ ଜାତୀୟ କର୍ମ ନୁହେଁକି? ଅନେକ କଟାକ୍ଷ କରନ୍ତି କବିତା କ'ଣ ଦିଏ? କଣ ଦେବ ନ ଦେବ କିନ୍ତୁ କବିତା ହେଉଛି ପୃଥିବୀର ଶେଷ ଓ ଶ୍ରେଷ୍ଠତମ ଅସ୍ତ୍ର, ଯାହାଦ୍ୱାରା କାମନାର ବିନାଶ କରାଯାଇପାରିବ। କବିତା କେବଳ ମାନବ ସମାଜର ଯୁଗ ଯୁଗ ଧରି ସହଯାତ୍ରୀ ନୁହେଁ, ମନୁଷ୍ୟତ୍ୱ ନିର୍ମାଣ କ୍ଷେତ୍ରରେ ବଡ଼ ଭୂମିକା ଗ୍ରହଣ କରିଚାଲିଛି। ହୃଦୟକୁ ହୃଦୟ ସହିତ ଯୋଡ଼େ, ଦସ୍ୟୁକୁ ଦାର୍ଶନିକ କରେ, ଭଲ ଶାସକର ନିର୍ଜନତମ ଶିକ୍ଷକ ବି ହୋଇଥାଏ। ମୁଁ ଏହି ସିଦ୍ଧାନ୍ତରେ ଉପନୀତ ହୋଇ ଅନୁଭବ କରିଛି କବିତା କୃଷ୍ଣ, ରାମଚନ୍ଦ୍ର ପରି ବ୍ୟକ୍ତି ପୁରୁଷଙ୍କୁ ସର୍ବୋଚ୍ଚ ଆଶନରେ ଆସୀନ କରାଇ ପ୍ରତ୍ୟେକ ଯୁଗ ପାଇଁ ଉଦାହରଣ ହୋଇପାରିଥିବାରୁ ମୁଁ ଏଥିରେ ପ୍ରଭାବିତ ହୋଇ କବିତାକୁ ଗ୍ରହଣ କରିନେଲି। ଏଥିପାଇଁ କେତେ ସଂଘର୍ଷ, ସଂଘାତ ବାଧା ବନ୍ଧୁର ଦୁଃଖ ଦୈନ୍ୟ ଓ ଦାରିଦ୍ର୍ୟ ପଛ କରି ସ୍ୟାହିରେ ନୁହେଁ ରକ୍ତରେ କବିତା ଲେଖିଛି।

କବିତା ମୋ ପାଇଁ ବୌଦ୍ଧିକ ବିଳାସ ନୁହେଁ। ନିଜକୁ ବୁଝାଇ ଦେଇଛି ମୁଁ ରାଜାର ନୁହେଁ, ପ୍ରଜାର କବି। ସାଧାରଣ ମଣିଷଙ୍କ ସ୍ୱର ହେଉଛି ମୋର ପ୍ରେରଣା। ସେମାନଙ୍କ ଭିତରୁ ଜଣେ ହୋଇ ଜାଣେ ପୀଡ଼ିତ ଜନର ଦୁଃଖ, ଦୁର୍ଦ୍ଦଶା, ଦାରିଦ୍ର୍ୟ, କ୍ଷୁଧା ଓ ଶୋଷର ଦିନଗୁଡ଼ିକ କେତେ ଯନ୍ତ୍ରଣା ଦାୟକ। ସେମାନଙ୍କ ସାମାଜିକ ଜୀବନ ଧାରା କେତେ ବିଚିତ୍ର ଓ ବିଶୃଙ୍ଖଳିତ, କେତେ କରୁଣ ଓ କର୍ଦ୍ଦମାକ୍ତ! ମୁଁ ଏହାକୁ ମୋ କବିତାରେ ତୋଳି ଭାବେ ଏହିମାନେ ହେଉଛନ୍ତି ଜନ ଗଣ ମନ...। ଏମାନେ ଦେଶର କିନ୍ତୁ ଦେଶ ଏମାନଙ୍କର ନୁହେଁ। ହଜାର ହଜାର ବର୍ଷ ଧରି ଜାତିଭେଦରେ ପିଡ଼ିତ, ଅପମାନିତ ସାମାଜିକ ନ୍ୟାୟରୁ ବଂଚିତ ମାନଙ୍କ ଭିତରୁ ଜଣେ ହୋଇଥିବାରୁ ଗର୍ବର ସହିତ କହିବି ମୁଁ ମୋ ସାହିତ୍ୟ ଲେଖୁଛି। ପୁରାଣ, ଶାସ୍ତ୍ର, ବେଦ, ଉପନିଷଦରେ ଅବହେଳିତ ହୋଇଆସିଥିବା ମଣିଷମାନଙ୍କ ସ୍ୱରକୁ ମୋ କବିତାରେ ପରିବେଷଣ

କରି ନିଜକୁ ସହଜ ମନେ କରୁଅଛି । ଯେଉଁ କବିତା ସାଧାରଣ ମଣିଷଙ୍କ ସ୍ୱରରେ ସମୃଦ୍ଧ ନୁହେଁ ତାହା ସାହିତ୍ୟରେ ଥିବା ଆଭିଜାତ୍ୟ ହରାଇ ବସେ । ଯୁଗ ଯୁଗ ଧରି ସୃଜନଶୀଳତା କ୍ଷେତ୍ରରେ ଯେଉଁ ଅଭାବ ଟିକକ ରହିଆସିଛି ତାହାକୁ ଅନୁଭବ କରିବା ନିଜ ଇତିହାସ ସଂପର୍କରେ ଜାଣିବାର ସୁଯୋଗ ଏହି କାବ୍ୟ କର୍ମରୁ ଉପଲବ୍ଧ ହେଲି । ଦୀର୍ଘ ଚାରି ଦଶନ୍ଧି ଧରି ସାରସ୍ୱତ ସାଧନାରେ ସମ୍ପୃକ୍ତ ରହି ଯେଉଁ ବାଗରେ ଓ ଆବେଗରେ ବଂଚି ଆସିଲି, ଏହା ମୋତେ କେବେ ନିରୁତ୍ସାହିତ କରି ନାହିଁ ବରଂ ଅଧିକ ସ୍ୱପ୍ନ ପ୍ରବଣ ହୋଇ ନିଜ ପ୍ରତି ସମ୍ବେଦନଶୀଳ ହୋଇପଡିଛି । ମୁଁ ଯେଉଁ ସାହିତ୍ୟ ଲେଖୁଛି, ଏହି ସାହିତ୍ୟ ମୋତେ ହିଁ ସୂଚନା ଦେଇଛି ମୁଁ କାହା ପାଦରୁ ସୃଷ୍ଟି ନୁହେଁ । ଏ ମାଟି ମୋର, ଏ ଆକାଶ ମୋର ଏତିକି କହିବାର ଅଧିକାର ଦେଇଛି ମୁଁ ଲେଖୁଥିବା ସାହିତ୍ୟ । ମାଟିର ଖାଇ, ଆକାଶର ଗୁଣ ଗାଇବା ସପକ୍ଷରେ ନୁହେଁ । ମାଟି ମନସ୍କ ହୋଇ ଜନ ଜୀବନର ଜୟଗାନ କରିବା ହେଉଛି ମୋ କାବ୍ୟ ପୁରୁଷର ପ୍ରଥମ କର୍ତ୍ତବ୍ୟ । ମୁଁ ସେହିଦିନ ସଂକଳ୍ପ ନେଇଥିଲି, ଯେଉଁଦିନ ସନ୍ଥ କବି ଭୀମଭୋଇଙ୍କ ଉଦ୍ଧାତ ବାଣୀ ଶୁଣିଥିଲି 'ପ୍ରାଣୀଙ୍କ ଆରତ ଦୁଃଖ ଅପ୍ରମିତ /ଦେଖୁ ଦେଖୁ କେବା ସହୁ/ ମୋ ଜୀବନ ପଛେ ନର୍କେ ପଡ଼ିଥାଉ/ଜଗତ ଉଦ୍ଧାର ହେଉ ।' ଏହି ପଦିଏ ଶାଣିତ ପଦ୍ୟରେ ପ୍ରଭାବିତ ହୋଇଥିଲା ମୋର କୈଶୋର କାଳ । ସେବେଠାରୁ ଭାବିନେଇଥିଲି କବିତାରେ ଯଦି ଜଗତ ଉଦ୍ଧାର କରିହେବ ସାରା ଜୀବନ କେବଳ କବିତା ସହିତ ରହିବି । ନିଜେ ବଂଚିବା ଅପେକ୍ଷା ଅନ୍ୟକୁ ବଂଚାଇବାର ଯେଉଁ ଆନନ୍ଦ, ଏହାର ମାଧ୍ୟମ ହୋଇପାରେ କବିତା । କବିତା ଜନ ଆନ୍ଦୋଳନର ନେତୃତ୍ୱ ନେଉ, ବିଦ୍ରୋହର ସ୍ୱର ହେଉ, ଅଭାଜନ ମାନଙ୍କୁ ସଭାରେ ଭାଜନ କରୁ, ବିପ୍ଳବର ଅଗ୍ରଦୂତ ହେଉ, ମଣିଷକୁ ମଣିଷ ଭାବରେ ବଞ୍ଚିବାକୁ ଦେଉ ବୋଲି ମୁଁ ଆଶା କରେ । ମଣିଷ କ'ଣ ପିନ୍ଧିବ, କ'ଣ ଖାଇବ, କେଉଁ ପୁସ୍ତକ ପଢ଼ିବ କେଉଁ ଧର୍ମ ଓ ସଂସ୍କୃତି ଆଦରି ନେବ ଏ ସମ୍ପର୍କରେ କବିତା ପରାମର୍ଶ ଦେଉ ବୋଲି ମୁଁ ଅସ୍ୱୀକାର କରେ । ଯୁଗ ବଦଳିଛି, ଗଜ ଉଦ୍ଧାର ଅପେକ୍ଷା କୁମ୍ଭୀର କ୍ଷୁଧା, ହରିଣୀ ଦୁଃଖ ଅପେକ୍ଷା ବ୍ୟାଧର ଦାରିଦ୍ର୍ୟ ପ୍ରତି ନ୍ୟାୟ ଦେଉ ଆଧୁନିକ କବିତା । ବଙ୍ଗ କବି ଚଣ୍ଡୀ ଦାସ କହିଛନ୍ତି : ସବୁରି ଉପରେ ଚରମ ସତ୍ୟ ମଣିଷ । ମଣିଷ ବିନା ଜଗତର ପରିକଳ୍ପନା କରାଯାଇ ପାରିବ ନାହିଁ । ଗ୍ରୀକ୍ ଦାର୍ଶନିକ ସକ୍ରେଟିସ୍‌ଙ୍କୁ ଜନୈକ ଭାରତୀୟ ପ୍ରଶ୍ନ କଲେ ଆପଣଙ୍କ ଦର୍ଶନର ଆଭିମୁଖ୍ୟ କ'ଣ ? ସକ୍ରେଟିସ୍ କହିଲେ, ମଣିଷର ଅନୁସନ୍ଧାନ । ପ୍ରଶ୍ନକର୍ତ୍ତା ଓଠରେ ହସର କଟାକ୍ଷ ତୋଳି କହିଲେ, ଈଶ୍ୱରଙ୍କୁ ନଜାଣିଲେ ମଣିଷକୁ ଜାଣିବା ସମ୍ଭବ ନୁହେଁ । ଏ ଭଳି ବିତେଣ୍ଡା ଯୁକ୍ତି ପାଖରେ ସକ୍ରେଟିସ୍ ନୀରବ ରହିଲେ । ସେ ଜାଣନ୍ତି

ନୀରବତା ହିଁ ତାଙ୍କ ଦର୍ଶନର ଏକ ଅଂଶ, ତେଣୁ ଚଣ୍ଡୀ ଦାସ ଓ ସକ୍ରେଟୀସ୍‌ଙ୍କ ଦର୍ଶନରୁ ମୁଁ ଏତିକି ଜାଣେ ମଣିଷକୁ ଜାଣିବା, ପଢ଼ିବା ଓ ତା'ର ଆବେଗକୁ ଭେଦିବା, ହୃଦୟର ନିକଟତର ହେବା, ଶେଷରେ ମଣିଷର ଇତିହାସକୁ ଅନୁଧ୍ୟାନ କରିବା ହେଲେ ଈଶ୍ୱରଙ୍କୁ ଖୋଜିବାର ଆବଶ୍ୟକତା ନାହିଁ। ଈଶ୍ୱର ସାଧାରଣ ମଣିଷଙ୍କର ଶୋଷଣ ଯନ୍ତ୍ର, ଏହାର ପରିଚାଳକ ହେଉଛି ଧର୍ମ। ଧର୍ମ ହିଁ ସବୁ ବିଭେଦର ନିଷ୍ଠୁର କାରଣ, ଏହାକୁ ଦୃଢ଼ ବିରୋଧ କରେ ଦଳିତ ସାହିତ୍ୟ। ଯୁଗ ବଦଳିଛି, ବଦଳିଛି ବି ଜୀବନ ଶୈଳୀ। ଏହାକୁ ଭିତ୍ତିକରି ଆଧୁନିକ କବିତାରେ ସ୍ୱତନ୍ତ୍ର ଓ ଶୀର୍ଷ ସ୍ଥାନ ନେଇ ଚାଲିଛି କେବଳ ମଣିଷ। ତେଣୁ କବିତାରେ ମଣିଷ ହେଉ ଈଶ୍ୱର, ଏହାର ବନ୍ଦନା କରୁ କାବ୍ୟକାର।

ପୀତାମ୍ବର ତରାଇ

BLACK EAGLE BOOKS

www.blackeaglebooks.org
info@blackeaglebooks.org

Black Eagle Books, an independent publisher, was founded as a nonprofit organization in April, 2019. It is our mission to connect and engage the Indian diaspora and the world at large with the best of works of world literature published on a collaborative platform, with special emphasis on foregrounding Contemporary Classics and New Writing.

www.ingramcontent.com/pod-product-compliance
Lightning Source LLC
Chambersburg PA
CBHW060620080526
44585CB00013B/916
* 9 7 8 1 6 4 5 6 0 5 5 7 7 *